LE GRAND MARCHÉ

BENJAMIN JUNG

LE GRAND MARCHÉ

Enquête sur le business mondial de la guerre

LES ÉDITIONS DU CERF

Ouvrage apporté
par
CHRISTOPHE BOURSEILLER

www.editionsducerf.fr
24, rue des Tanneries
75013 Paris

ISBN : 978-2-204-16609-6

À Arman Soldin, journaliste né à Sarajevo en 1991 et mort à Tchassiv Yar le 9 mai 2023.

À Isabelle, Robert, mes parents. Merci à Tony, Edward, Joseph, Georgii, Maksim et à celles et ceux qui ont permis à ce livre d'exister.

Merci à Théo Meurisse et Célia Faure pour leurs précieuses relectures.

Introduction

Sous les bombes

L'hôtel est plongé dans le noir. Depuis que les centrales électriques ukrainiennes sont prises pour cible, les coupures de courant sont quotidiennes et rythment les jours et les nuits. Il est trois heures trente du matin et les téléphones des pensionnaires sonnent l'alarme. Rien ne vous sort plus vite du sommeil qu'une alerte bombardement. Quelques clients ont trouvé refuge au rez-de-chaussée dans le hall de l'hôtel, l'endroit le plus éloigné du toit, potentiel point d'impact. « Restez loin des fenêtres et des miroirs. S'ils se brisent avec l'impact ils vous lacéreront », me conseille Iryna, une femme en pyjama assise sur un des fauteuils de l'accueil. Elle a les yeux rivés sur son téléphone et lit les canaux d'information d'urgence en temps réel. « De nombreux missiles et drones ont été tirés, toute la région est en alerte. Il se peut que nous soyons touchés. » Je regarde à mon tour les informations sur mon téléphone. « Décollage de bombardiers Tupolev TU-95 armés de missiles de croisière Kh-101 / Avions de chasse MiG-31 et bombardiers tactiques Soukhoï SU-34 dans le ciel / Drones kamikazes Shahed aperçus. » La cible semble être l'ouest de Kyiv. Iryna appelle sa mère au téléphone : « Salut Maman. Tu es réveillée, c'est bien. Tu es à l'abri ? L'alerte est sérieuse. Fais attention. Prends soin de toi. Je t'embrasse. » Un nouveau message d'information apparaît sur les téléphones : « Les missiles ont changé de direction et semblent aller vers le sud de Kyiv », là où nous nous trouvons. Nous sommes le 26 mai 2024, date du « jour de Kyiv », une fête annuelle célébrant la très verte et vivante capitale. Comme toujours lors des grandes célébrations et commémorations ukrainiennes, l'armée russe joue les trouble-fêtes et inonde le ciel de projectiles explosifs. L'impact psychologique de ces attaques sur les symboles de l'identité ukrainienne est énorme.

Des drones dans la nuit

Pour marquer l'anniversaire de l'Holodomor, la famine orchestrée par Staline ayant fait près de cinq millions de morts ukrainiens il y a quatre-vingt-dix ans, la Russie avait déjà lancé le 26 novembre 2023 ce qui était alors sa plus grosse attaque aérienne contre Kyiv depuis le début de la guerre. Soixante et onze drones Shahed, de conception iranienne et bourrés de composants occidentaux avaient été détruits par les défenses aériennes de la capitale sur les cent trente-six envoyés sur l'ensemble du territoire. Les témoins parlaient d'une attaque ayant duré sept heures durant lesquelles le ciel de la nuit était illuminé sans interruption par les explosions et les tirs des batteries de défense anti-aérienne. Un peu plus d'un mois plus tard, le 2 janvier 2024, les Ukrainiens, comme une grande partie des habitants de la planète, émergeaient doucement de la douce torpeur qui suivait les fêtes de fin d'année et le passage à la nouvelle année. Pour la première fois, ils avaient fêté Noël comme les Occidentaux, à l'heure grégorienne, symbolisant ainsi leur rupture avec le calendrier julien de l'Église orthodoxe russe qui célèbre la naissance du Christ le 7 janvier. La langueur n'avait duré qu'un temps, vite dissipée par la violence du réel. Un ami journaliste français installé en Ukraine m'avait envoyé des vidéos et photos en direct du quartier de Solomyanka, à l'Ouest du centre-ville de Kyiv. Des bombes russes venaient de tomber sur les barres d'immeubles de ce quartier résidentiel. Les explosions avaient détruit les routes et déplacé des montagnes de terre. Les pompiers qui tentaient d'éteindre les incendies ravageant les tours en ruine œuvraient difficilement dans d'immenses cratères profonds de plusieurs mètres. Au travers d'une épaisse fumée grise, on pouvait apercevoir les arbres calcinés encore rouges de chaleur. Les cendres recouvraient les carcasses des dizaines de voitures ayant explosé aux alentours. Plus loin, une aveuglante lumière orange emplissait l'espace. Il s'agissait d'une gigantesque gerbe de flammes de dizaines de mètres de haut qui s'échappait des conduites de gaz situées en sous-sol. Les immeubles périphériques, qui n'avaient pas été touchés directement, avaient vu leurs carreaux soufflés par la puissance des impacts. Dans ces conditions cataclysmiques, les habitants et les secours s'organisaient pour évacuer les blessés. L'attaque russe, qui avait duré des heures, ne s'était pas arrêtée là. Les réseaux sociaux ukrainiens regorgeaient au même moment d'images similaires provenant de Kharkiv, la deuxième plus grande ville du pays, située plus loin à l'est, à deux pas de la frontière russe, où les missiles avaient également frappé. Le bilan des autorités ukrainiennes faisait état d'une centaine de blessés et d'au moins cinq morts pour les deux villes. De son côté, Moscou avait assuré sans ironie n'avoir visé que des cibles militaires, comme des entreprises « de production de missiles, de drones et de réparation d'armes et d'équipements militaires » et « des sites de stockage de missiles, de munitions et d'armes aériennes fournis au régime de Kiev par des pays occidentaux ».

Sur le canal d'information d'urgence, le gouvernement ukrainien livrait des détails sur cette double attaque. La Russie avait tiré « quatre-vingt-dix-neuf missiles de divers types », parmi lesquels des Kinzhal hypersoniques tirés depuis des avions de chasse MiG-31K, des missiles de croisière 3M-54 Kalibr et, comme à son habitude, des missiles Kh-101, dits « Kent », tirés depuis des bombardiers lourds TU-95 en provenance des bases aériennes des régions de Saratov et de la région Caspienne-Volgodon. Dans leur malheur, les Ukrainiens, qui avaient intercepté une grande partie des missiles, avaient réussi à capturer un Kinzhal, réputé invincible par la propagande russe. Ce concentré de technologie, qui peut voler à la vitesse faramineuse de douze mille kilomètres par heure, coûte dix millions de dollars à l'unité. Grâce à la capture du missile, les services de renseignement ukrainiens parvinrent à identifier les composants présents dans ses entrailles. Soixante-dix-huit d'entre eux sont fabriqués aux États-Unis. L'armée russe attaque des civils avec des armes fonctionnant grâce à des composants fabriqués par ses ennemis, en occident.

Un secret tombé du ciel

Les yeux d'Iryna ne se détachent pas un instant de l'écran de son téléphone. Elle scrute toutes les informations lui permettant de savoir si les avions, les missiles et les drones lancés à toute vitesse dans le ciel ukrainien s'approchent ou s'éloignent de nous ou des siens, avec qui elle est en contact permanent par messagerie. Je repense aux raisons qui m'ont emmené jusqu'à cet obscur hall d'hôtel du Sud de Kyiv et me revois dans ce café parisien, exactement deux ans auparavant. Nous sommes en mai 2022 et la télévision est branchée sur une chaîne d'information en continu. Comme presque tous les jours depuis plus de trois mois, les images de désolation provenant de l'est passent en boucle. Sur le plateau, les experts en costume-cravate et spécialistes en uniforme se multiplient. Les nouvelles du jour sont plus mauvaises que d'habitude : les forces russes ont bombardé une école à Bilohorivka, dans l'est du pays. Environ quatre-vingt-dix civils fuyant les combats de la terrible bataille de Sievierodonetsk y avaient trouvé refuge. Les images montrent les secouristes évoluer dans un désert de débris. Le journaliste fait état de soixante morts. Le manège des invités se met en place : on commente, on s'offusque, on questionne, on tire des conclusions : « Poutine est-il fou ? », « on lui aurait diagnostiqué une maladie grave », « l'Ukraine peut-elle gagner ? », « la guerre sera-t-elle finie bientôt ? » Un expert en expertise moustachu se veut rassurant : « La France vient d'annoncer la livraison de lance-roquettes et de canons Caesar. » On re-commente, on re-questionne, on re-tire des conclusions, on re-parle des morts, on re-montre les images. L'overdose médiatique est proche.

En même temps, à trois mille kilomètres des studios de télévision parisiens, les combats font rage. Les soldats ukrainiens sont embourbés dans une guerre de positions. Dans le ciel, les membres d'une unité discernent ce qui semble être un petit avion blanc à hélice. À y regarder de plus près, il s'agit d'une silhouette qu'ils connaissent bien : un Orlan-10, un drone russe télécommandé qui survole le champ de bataille. À une altitude pouvant atteindre cinq mille mètres, il survole les zones de conflit et permet aux forces russes d'identifier des cibles. L'opérateur peut alors décider de transmettre les informations à l'artillerie, qui pilonne les positions ainsi révélées, ou de les bombarder grâce aux charges explosives que porte parfois le petit engin volant. Petit problème, contrairement à d'autres drones, l'engin est lent, cent cinquante kilomètres par heure au maximum. Ce paramètre en fait une cible de choix pour l'armée ukrainienne, ce qui coûte à notre Orlan-10 d'être touché par un projectile. Il perd rapidement de l'altitude avant de s'écraser dans un champ en contrebas. Pavlo Kachtchouk n'est pas loin. Passionné d'automobiles et de mécanique, il tient un blog très populaire parmi les amateurs ukrainiens de belles voitures. Comme de nombreux hommes en état de se battre, Pavlo a rejoint les forces armées pour défendre son pays. Il met désormais ses compétences au service de son pays et a remplacé les autos par le matériel russe ramassé ou capturé, qu'il démonte et étudie, avant de poster en ligne les résultats de ses observations. Il récupère l'épave de l'Orlan-10 et l'emmène à son atelier pour une autopsie complète.

Comme souvent pour le matériel russe tombé du ciel, les composants de la machine volante sont majoritairement d'origine chinoise et occidentale : le cerveau est chinois, le moteur est japonais, le système de communication est américain et le système de positionnement est suisse. Pavlo n'est pas surpris. Mais lorsqu'il démonte la boule optique du drone, un composant rectangulaire attire son attention. Le capteur porte l'inscription suivante : LYNRED PICO 640-056 389001098. Il suffit d'une recherche sur Google pour savoir que l'entreprise Lynred est domiciliée à Palaiseau, en région parisienne. Le soldat est stupéfait, les yeux du drone sont français. L'allure du composant et son numéro de série ne laissent aucun doute sur son identité. Il s'agit d'un PICO 640 de deuxième génération. Son fabricant, qui s'appelait auparavant Sofradir, est une filiale détenue à parts égales par deux géants de l'industrie militaire française : les entreprises Safran et Thales. Le siège de la firme qui compte environ mille employés, est situé à Veurey-Voroize, en plein dans la « Silicon Valley » grenobloise qui fait la fierté de la France. Dans le dépliant commercial du petit capteur thermique infrarouge retrouvé dans le drone, Lynred fait trois promesses : qualité d'image améliorée, fiabilité éprouvée et intégration facile. Cette dernière qualité a tout pour plaire aux fabricants de drones russes, qui utilisent un véritable mic mac de composants provenant du monde entier, comme l'explique un rapport du Royal United Services Institute for Defence and Security Studies (Institut royal des services unis pour les études de défense et de sécurité). Dans *Silicon Lifeline*, l'institut de recherche détaille les composants présents dans les drones et certains missiles russes retrouvés sur le théâtre ukrainien. Ils sont, dans leur grande majorité, fabriqués à l'étranger puis importés en Russie par le biais d'entreprises intermédiaires, souvent situées dans des pays tiers.

Contacté par le quotidien lyonnais *Le Progrès*, qui a publié un article sur le sujet en mars dernier, Lynred répondait : « Depuis les nouvelles sanctions de février 2022, aucun détecteur n'a été livré en Russie. Lynred respecte strictement les sanctions internationales de l'Union européenne ainsi que celles de l'ONU. » L'entreprise assure également que le capteur retrouvé dans le drone était « destiné à une application civile » et « n'a pas été livré en Russie ». Comment expliquer alors la présence de ce composant sur le champ de bataille ukrainien ? Après quelques jours à mettre en branle mon réseau de sources et à écrire et téléphoner à des informateurs ayant affaire à l'économie, à l'industrie et au renseignement militaire, je mets la main sur ce qui, pour un journaliste, est l'équivalent d'une mine d'or : des ressources douanières répertoriant toutes les entrées de cargaisons dans le territoire de la Fédération de Russie. Les informations contenues sont édifiantes et remettent en cause non seulement les déclarations de l'entreprise Lynred, mais également celles d'un tas d'autres compagnies qui comptent parmi les joyaux de l'industrie et de la technologie françaises. Selon ces documents, des cargaisons de composants issus des usines de Lynred et de nombreuses autres sociétés transitent toujours vers la Russie et son complexe militaro-industriel, permettant au Kremlin d'alimenter ses troupes en armes de pointe pour soutenir l'invasion de son voisin de l'ouest, laissant derrière lui une funeste traînée de mort. Quelques semaines après la réception de ces données, je publie les conclusions de mes premières analyses dans la presse française, dans un dossier de plusieurs articles nommé « Russian papers ». Plusieurs entreprises françaises y sont épinglées aux côtés de Lynred, notamment le géant de l'électronique STMicroelectronics ou les fers de lance de l'armement et de l'aéronautique Safran et Thales. La réception de l'enquête n'est pas celle attendue. Un député de l'opposition s'empare du sujet et questionne dans un courrier le ministre de l'Économie Bruno Le Maire ainsi que le ministre délégué chargé du commerce extérieur Olivier Becht, sans réponse. Sébastien Lecornu, ministre des Armées a quant à lui balayé une question au sujet de ces premières révélations d'un revers de la main lors d'une séance de la commission Défense de l'Assemblée nationale. De leur côté, les médias et mes confrères journalistes font peu de cas du sujet.

Je continue à enquêter. Au fur et à mesure de mes découvertes, je me rends compte que le grand marché des composants qui inondent le front ukrainien est intimement lié à des réseaux politiques tentaculaires, à d'énormes circuits financiers internationaux ainsi qu'à la dépendance de l'économie russe envers ses partenaires occidentaux, toujours prompts à tirer d'affaires le régime de Vladimir Poutine. Pour comprendre les rouages de cette gigantesque machinerie à tiroirs, il faut que je me rende là où tout a commencé : en Ukraine.

1.

Prochain arrêt : Kyiv

Gare de Przemyśl, Basses-Carpates, sud-est de la Pologne, à deux pas de la frontière ukrainienne. Ce soir, derrière la belle gare classée de cette ville colorée typique d'Europe centrale, une file de plusieurs centaines de personnes serpente en direction d'un quai un petit peu spécial. Il s'agit là essentiellement de femmes ukrainiennes dont certaines sont accompagnées de leurs enfants. D'âges variés, elles sont, sauf exceptions, les seules à être autorisées à quitter le territoire ukrainien. Les hommes, quant à eux, doivent rester au pays dans l'attente d'être un jour potentiellement mobilisés vers le front. Réfugiées, travailleuses expatriées, étudiantes à l'étranger ou revenant simplement de vacances, ces femmes rentrent à la maison, à la guerre. Nombreux sont les Ukrainiens et les Ukrainiennes installés à l'étranger à rentrer dans leur pays d'origine depuis l'invasion, pour participer, aider, ou tout simplement être présents. Dans la file sont également présents quelques travailleurs humanitaires et journalistes. Depuis que le ciel ukrainien est devenu le terrain de jeu de l'artillerie et des bombardiers russes, l'aviation civile y est clouée au sol. C'est donc par le train, l'autocar, l'automobile ou encore à pied que ceux qui veulent quitter le pays ou y entrer traversent la frontière.

Le contrôle des passeports est long. Il faut plusieurs heures à cette foule, souvent fatiguée par un voyage qui a commencé dans un autre pays et qui est loin d'être terminé, pour passer les contrôles d'identité marquant leur sortie de l'Union européenne. Une fois tout le monde embarqué, le train de nuit en direction de Kyiv peut enfin démarrer. Très lentement. Quelques minutes après avoir passé la frontière ukrainienne au ralenti sous d'aveuglants projecteurs et entouré de barbelés, les wagons sont abordés par des soldats en armes et des maîtres-chiens. Extrêmement protocolaires, presque cérémonieux, ils contrôlent un à un les passeports, documents et bagages de tous les voyageurs. Les forces de l'ordre ukrainiennes n'aiment pas beaucoup les armes et les drogues qui sont nombreuses à passer les frontières. Plus que tout, ils redoutent les espions. « Français ? Pourquoi vous rendez-vous en Ukraine ? Et pourquoi aujourd'hui en particulier ? » me demande une militaire, alors qu'elle feuillette mon passeport. La tension est telle que j'imagine cent raisons qui pourraient me faire arrêter et qui, bien que plus ridicules les unes que les autres, ne font qu'ancrer un peu plus cette improbable option dans mon esprit. « Ah, vous êtes journaliste. Vous parlez russe ? Non ? Tant mieux. Bon voyage. » Je ne peux retenir un long soupir de soulagement. Une fois les contrôles terminés, le train peut repartir dans la nuit noire, cette fois-ci à vive allure. Kyiv n'est plus qu'à dix heures de trajet. Je trouve ma première lecture ukrainienne dans la pochette située au dos du siège devant moi. Une bande dessinée pédagogique met en scène des super-héros locaux pour apprendre aux enfants à reconnaître les mines, obus, missiles non explosés et autres pièges létaux qui recouvrent aujourd'hui une partie du pays. De quoi vous plonger immédiatement dans l'ambiance.

Les traces de la guerre

Lorsqu'on arrive dans la capitale ukrainienne, on ne peut qu'être frappé par son gigantisme et par les silhouettes de gratte-ciel qui se découpent à l'horizon. À première vue, en faisant fi des nombreux hommes en uniformes, les marques de la guerre ne sont que peu visibles. Les voyageurs fourmillent sur le sol en granit de la très baroque gare centrale, le métro est rempli de travailleurs, les commerces fonctionnent et des embouteillages bloquent les artères principales. Le noyau de la cité est composé de superbes immeubles impériaux aux couleurs et aux décorations plus extravagantes les unes que les autres. Il est nécessaire de s'enfoncer un petit peu dans la ville pour se rendre compte que les premières apparences sont rapidement rattrapées par le malheur. Sur la route, mon chauffeur de taxi me raconte : « L'usine d'électricité que l'on voit ici a été visée à plusieurs reprises, mais les missiles sont tombés tout autour, sur des zones résidentielles. Les routes et les fenêtres explosées des nombreux bâtiments touchés ont été rapidement réparées. » Plus loin, sur la place de l'Indépendance, point central de la Révolution orange de 2004 et des manifestations pro-européennes d'Euromaïdan en 2013 qui ont vu le gouvernement pro-russe poussé vers la sortie, des dizaines de milliers de petits drapeaux ukrainiens sont marqués des noms des soldats, secouristes et journalistes disparus depuis le début de la guerre. Quelques familles y errent à la recherche du nom de leurs fils, de leur sœur, ou de leur père. À quelques rues de là, des carcasses de voitures criblées de balles et de véhicules blindés calcinés ont été déposées sur les trottoirs, comme pour rappeler constamment que malgré la distance qui sépare la capitale du front, le pays est bel et bien en guerre.

On me dit que si je suis intéressé par les missiles russes, il faut que je me rende au club multisport du Lokomotyv Kyiv. Véritable institution, il est surtout connu pour sa branche football qui évolue dans la première moitié du tableau de la seconde division du football ukrainien. Le 23 janvier 2024, un missile russe s'est abattu sur le bâtiment principal dans lequel se trouvent les bureaux, la salle de musculation, les vestiaires ainsi que le gymnase, qui fait office de terrain de basket-ball.

Un mois après, les traces du bombardement restent extrêmement impressionnantes. Le bâtiment de deux étages est éventré jusqu'au sous-sol par un trou béant de plusieurs dizaines de mètres de circonférence. Les fenêtres des immeubles alentours ont volé en morceaux et les voitures garées dans les rues adjacentes sont carbonisées. Olexander Yegorov est le président du club. La gorge nouée, il raconte la matinée désastreuse qui restera profondément ancrée dans la chair des huit cents licenciés qui faisaient du sport dans ce qui n'est aujourd'hui plus qu'une ruine. « Le missile est tombé à sept heures et demie. Une demi-heure avant que les premiers enfants n'arrivent au club.

Nous avons évité un massacre de justesse. Un ami a cependant perdu la vie. Mykhailo Donskyi, qui s'était réfugié au sous-sol, est mort de ses blessures à l'hôpital. Il était un champion international d'haltérophilie. C'est une tragédie. » Il continue : « Environ trois-cents des enfants qui s'entraînent ici sont des réfugiés de zones occupées par la Russie. Pour certains d'entre eux, c'est la deuxième fois que leur club se fait bombarder. » La voix du président est de plus en plus étouffée. « Rendez-vous compte. Ce bâtiment a survécu à la Seconde Guerre mondiale et à l'occupation nazie, et il a fallu qu'il soit rasé par nos voisins, chez qui nous avons de la famille et parfois même des ancêtres ! »

Le chant des sirènes

Le missile dont l'armée russe s'est servie lors de l'attaque est un Kh-101, que l'OTAN appelle « Kent ». Un des plus utilisés de son arsenal depuis l'invasion de l'Ukraine. Ce missile est aussi un fourre-tout de pièces étrangères. S'il vole, c'est grâce à un assemblage de puces, processeurs, et autres composants électroniques fabriqués aux quatre coins du Globe. États-Unis, Allemagne,

Japon, France… Tous ces pays prennent leur part à l'élaboration de ce missile de croisière, qui vole à mille kilomètres par heure et permet aux bombardiers russes d'atteindre une cible n'importe où en Ukraine en seulement quelques minutes sans avoir à quitter leur espace aérien. Malgré les annonces officielles du Kremlin assurant que les frappes « chirurgicales » qu'ils lancent ne visent que des cibles stratégiques et militaires, la très grande majorité des quartiers et bâtiments touchés sont purement civils. Il en va de même pour les victimes de ces bombardements.

Le soir venu, je prends mes quartiers dans un immeuble de Podil, un secteur très populaire de Kyiv connu pour ses nombreux bars, restaurants et sa vie nocturne dont on m'a dit beaucoup de bien. Malheureusement, ma première soirée ukrainienne est coupée court par une sirène qui retentit dans le ciel étoilé. L'alerte bombardement indique le décollage de bombardiers russes Tupolev TU-95. Les habitants se réfugient dans les sous-sols, le métro, ou dans les abris spécialement conçus à cet effet. Après cinq minutes d'une attente aussi stressante qu'interminable, l'alarme se tait. L'application pour téléphone conçue pour informer sur les alertes aériennes indique que les missiles de croisière russes lancés par les bombardiers ont tous été interceptés par les systèmes de défense ukrainiens. Les projectiles utilisés étaient, là encore, des Kent. Pour la première fois, l'endroit où je me trouve est ciblé par des armes conçues en partie grâce à l'industrie de mon propre pays.

Je ne le sais pas encore, mais ces sirènes vont devenir la bande originale de l'intégralité de mon séjour en Ukraine.

2.

Sur la route du Donbass

On ne m'avait pas menti. La vie nocturne, artistique et culturelle est en pleine ébullition à Kyiv. Il paraît que l'énergie créatrice, déjà bien présente dans la cité avant la guerre, est décuplée depuis le début du conflit. L'urgence, le danger et l'incertitude poussent les artistes dans leurs retranchements et le public est plus que jamais avide d'expériences cathartiques. Ce soir, dans un abri souterrain transformé en club de rock, une foule dense, presque en transe, se libère le temps d'un instant devant un groupe de black metal, un genre de musique extrême très apprécié d'un pan de la jeunesse alternative ukrainienne. Dans le sous-sol voûté en briques, l'atmosphère est d'autant plus particulière que le batteur vient d'être réquisitionné par les forces armées ukrainiennes pour aller combattre au front. Son départ est prévu le lendemain et les recettes du concert lui serviront à améliorer et compléter l'équipement réglementaire minimal qui lui sera fourni. Si personne n'ose le dire à voix haute, tout le monde pense qu'il pourrait s'agir de sa dernière apparition sur scène. L'ambiance est aussi pesante qu'électrique et la bière coule à flots. La fête pourrait durer toute la nuit si le couvre-feu n'imposait pas au club de fermer à 22 heures.

Les ruines

Le lendemain, départ aux aurores pour l'est du pays. Sur le parking de la gare, je retrouve Georgii, qui sera mon guide, mon traducteur et mon ange gardien pendant la semaine à venir. Nous prenons rapidement place dans son Toyota tout-terrain, direction le Donbass. Tout le monde a entendu parler de cette grande région minière et industrielle de l'est et de sa capitale, Donetsk. Depuis l'annexion en 2014 de la ville et d'une partie de la région par ceux que les locaux appellent les « petits hommes verts », des soldats russes sans éléments d'identification, ce territoire est devenu malgré lui le centre de l'attention du monde entier. Le trajet de dix heures pour sept cents kilomètres est entrecoupé par un nombre incalculable de barrages qui permettent aux soldats de contrôler les identités des automobilistes, leurs intentions ainsi que le contenu des véhicules. Par chance, mon guide dispose d'un laissez-passer qui nous évite les questions interminables et me permet de ne révéler ni ma profession, ni mes intentions. Je n'ai rien à cacher, mais l'idée de perdre des heures à faire vérifier ma carte de presse et à répondre aux interrogations de dizaines de soldats tout au long de notre périple ne m'enchante guère.

Plus nous nous enfonçons dans l'est ukrainien, plus les check-points sont nombreux et plus les routes sont en mauvais état. Nous slalomons entre de profondes crevasses dont le diamètre atteint souvent plusieurs mètres. « Le résultat d'années de corruption et de détournements d'aides publiques, aggravé par la présence constante de véhicules blindés dont les chenilles détruisent les routes. Nous avons de la chance, grâce au froid la boue est solide. Mais dans quelques semaines, ces routes seront totalement impraticables », m'explique Georgii. En ce début du mois de mars, les températures dans l'est sont très fraîches. Des pêcheurs emmitouflés dans leurs épais manteaux ont fait des trous sur les lacs gelés que nous longeons et y ont installé leurs tabourets. Ce climat est aussi à l'origine du gel du front, dont les lignes bougent très peu et où les soldats frigorifiés des deux camps peinent à combattre.

Le décor change à mesure que nous avançons vers les affrontements. Sur des centaines de kilomètres, nous traversons des villages complètement dévastés. Les hameaux et petites villes de campagne ont laissé place à d'immenses terrains vagues sur lesquels subsistent encore quelques restes de petites maisons, des murets délimitant d'anciens jardins ou encore des arrêts de bus fantômes. Sur les routes de ce paysage de désolation, les voitures civiles font place aux camions et véhicules tout-terrain militaires ainsi qu'aux engins blindés de combat. La traversée de la cité martyre d'Izioum se fait dans le silence. Les ruines de la ville, habitée par quarante-cinq mille âmes avant la guerre, abritent désormais une poignée d'irréductibles qui n'ont jamais quitté leur foyer. La cité a été l'une des toutes premières à tomber aux mains de l'armée russe le 24 mars 2022. Lorsqu'elle est reprise par l'armée ukrainienne le 11 septembre de la même année dans le cadre de la contre-offensive d'été, la ville n'est même plus l'ombre de ce qu'elle était. Cinq jours plus tard, un charnier comportant les dépouilles de quatre cent quarante-sept personnes est découvert, dont les corps de vingt-deux soldats et cinq enfants. Parmi les cadavres, trente portent des signes de torture et certains hommes ont été émasculés avant leur mort. Dix centres de tortures sont mis au jour et d'autres fosses communes découvertes dans les alentours ont été minées par les soldats russes et ne peuvent être fouillées.

L'oblast de Donestk

Quelques kilomètres plus loin, nous entrons enfin dans l'oblast de Donestk, victime de la guerre du Donbass depuis 2014, dont la moitié du territoire – incluant sa capitale homonyme –, est officiellement annexée par la Russie depuis le 5 octobre 2022. C'est dans cette région que se trouvent les villes dont les noms sont désormais connus du monde entier : Marioupol et Bakhmout. Si l'oblast est le lieu de tous les combats, c'est évidemment parce qu'il est frontalier de la Russie et que l'armée russe est obligée d'y passer pour avancer vers l'ouest. La région est également d'une très grande importance stratégique. Contrôler l'oblast de Donetsk, c'est mettre la main sur un immense bassin houiller et sur le centre économique et industriel de l'Ukraine tournant autour de l'énergie, de la métallurgie, du charbon et de l'agro-alimentaire. C'est aussi s'ouvrir un accès vers la mer d'Azov au sud. En se retirant d'une partie de la région à la suite de la contre-offensive ukrainienne, l'armée russe a tout fait pour rendre l'endroit inhabitable. Comme Izioum, la petite ville de Sviatohirsk est complètement détruite. Dans cette bourgade, essentiellement constituée de résidences secondaires, de centres de vacances pour enfants et de camping où les Ukrainiens venaient passer leurs vacances et leurs week-ends, tout est démoli. L'école est éventrée de deux cratères d'obus, l'hôpital a subi un sort similaire et les quelques trous laissés par des piscines laissent deviner que les rares murs encore debout étaient ceux de riches pavillons. Dans les hauteurs, le monastère, considéré comme l'un des trois sites les plus sacrés d'Ukraine par les chrétiens orthodoxes, abrite une centaine de moines et attire chaque année des centaines de milliers de pèlerins et visiteurs. Selon le gouvernement ukrainien, les bombardements russes y ont coûté la vie à quatre moines tandis que d'autres ont été blessés alors qu'ils protégeaient trois cents réfugiés civils dont soixante enfants.

En fuyant vers l'est, les forces de Moscou ont tout incendié. Dans la rue principale, une colonne de chars russes détruits témoigne de l'intensité des combats. Dans la cour recouverte de suie de sa maison calcinée, Maksim, un des habitants de la bourgade, ramasse ce qu'il estime récupérable parmi les débris. Malgré son regard hanté par le sort de sa ville et de ses habitants, il esquisse un sourire en se remémorant les raisons qui l'ont poussé à y emménager. « Regardez, le bois s'étend à perte de vue à la lisière de ma maison. J'aime les arbres et la nature », dit-il. « C'est ici que je me promenais tous les matins avec mon chien. » Il enjambe les poutres carbonisées de sa toiture tombée au sol pour me montrer les maisons voisines, qui ont subi des dégâts similaires. De la pizzeria du quartier, il ne reste plus que l'enseigne partiellement fondue. « En quittant la ville, les Russes ont tout brûlé pour que nous ne puissions plus revenir habiter chez nous. Ils s'en sont même pris à la forêt qui m'était si chère. Il faudra des dizaines d'années, peut-être même des centaines, pour qu'elle retrouve sa splendeur », conclut-il en montrant du doigt les arbres morts et noircis par les flammes.

Après avoir repris la route pendant une heure, nous arrivons enfin à Kramatorsk, à quelques kilomètres du front, à la limite de la portée maximale de l'artillerie russe. C'est cette ville qui, depuis l'annexion par la Russie de la ville de Donetsk, est considérée comme la capitale de l'oblast du même nom. Ce centre industriel important abritait cent cinquante mille habitants avant l'invasion de 2022. S'il n'existe pas de chiffres officiels, il suffit de jeter un œil dehors pour se rendre compte que la majorité des gens sont partis, soit au moment de la guerre du Donbass de 2014, soit lors de l'invasion de 2022. En plus des civils qui sont restés ou revenus, une grande partie de la population actuelle est constituée de militaires, basés dans ce qui est aujourd'hui le dernier bastion ukrainien avant la ligne de front. À part quelques commerces qui résistent coûte que coûte, la ville semble être complètement à l'arrêt. Certaines boutiques se sont reconverties en magasins d'équipement militaire, et l'un des tous derniers restaurants à être encore ouvert cuisine absolument de tout. Pizzas, sushis ou encore hamburgers, il faut pouvoir satisfaire toutes les envies en un seul lieu. Le bâtiment, dont les fenêtres explosées ont été remplacées par des panneaux en bois, est essentiel tant pour les civils que pour les soldats, leur permettant de garder autant que possible un sentiment de normalité essentiel au moral et à la santé mentale. Tenir un restaurant aussi près du front demande du courage et une volonté de fer, d'autant qu'en juin 2023 un établissement voisin a été la cible d'une frappe russe ayant fait soixante-quatre blessés et treize morts à l'heure du dîner, parmi lesquels quatre enfants et l'écrivaine de trente-sept ans Victoria Amelina. Elle avait arrêté d'écrire des fictions pour se concentrer pleinement sur la documentation des crimes de guerre russes dès le début de l'invasion, en février 2022, et avait rejoint une organisation de défense des droits humains, avec laquelle elle se rendait régulièrement au plus proche du front. Ce soir-là, elle était accompagnée de l'écrivain et journaliste colombien Héctor Abad Faciolince et de l'ancien haut-commissaire pour la paix en Colombie Sergio Jaramillo, qui ont survécu à l'attaque.

Contrairement à Kyiv, où les alarmes prévenant des attaques aériennes sont fréquentes mais espacées et de courte durée et où l'on sait que les missiles seront presque à chaque fois interceptés, les sirènes résonnent ici constamment. Kramatorsk ne dispose pas de défense anti-aérienne et sa position de garnison et de ville principale juste avant le front en fait une cible de choix pour l'aviation russe. Ici, descendre dans un abri à chaque alerte reviendrait à y emménager. Nous vivons donc aussi normalement que possible avec un bruit de fond assourdissant quasi constant. Il paraît que l'être humain est capable de s'adapter à n'importe quelle situation. Il est pourtant extraordinairement compliqué d'imaginer comment les gens confrontés à cette situation depuis si longtemps continuent à vivre leur vie le plus naturellement possible.

Pour des raisons de sécurité, les hôtels de Kramatorsk sont fermés jusqu'à nouvel ordre. Les journalistes et autres visiteurs de la région qui en sont l'habituelle clientèle ont une fâcheuse tendance à rapidement devenir les cibles de l'artillerie russe. Georgii s'avère être un formidable guide. Grâce à ses contacts, nous logeons dans l'appartement d'une famille qui a quitté la ville en urgence en abandonnant tout derrière elle dans sa fuite. Dans le logement, tout est resté en place, comme si ses occupants venaient de s'absenter et étaient partis faire des courses. Dans la chambre d'une petite fille, les livres, jouets, dessins et trophées de concours de chant ornent les étagères poussiéreuses. La salle de bains semble avoir été occupée il y a peu par la mère de famille qui a laissé ses cosmétiques sur le bord du lavabo. Sur le frigo, les aimantins souvenirs de vacances à l'étranger supportent les photos de famille, reliques d'une vie qui doit leur sembler aujourd'hui bien lointaine. Le silence du soir nous permet d'entendre l'artillerie qui tonne au loin. Depuis le calme de cet appartement inoccupé, il est étrange de se dire qu'à quelques encablures des hommes se battent sans relâche et se font décimer de part et d'autre de la ligne de front. Nous allons nous coucher. La sirène de l'alerte bombardement ne s'est pas tue depuis notre arrivée. L'application mobile donne des détails sur les missiles utilisés : « Région de Kramatorsk : tirs de missiles Kh-101. » Encore.

3.

L'enfer

Dans la cuisine d'un complexe hôtelier abandonné de Kramatorsk, une vingtaine de bénévoles s'affairent à cuisiner et emballer à la chaîne des centaines de repas chauds. Ces membres ukrainiens de l'organisation non gouvernementale World Central Kitchen représentent le seul espoir de certains civils restés sur la ligne de front pour se nourrir et avoir accès à l'eau potable. Accompagner leur convoi représente une occasion rêvée pour constater la situation au plus près des combats, échanger avec des soldats au cœur du cyclone et réaliser des observations de première main sur l'impact des drones et autres munitions russes remplies de composants occidentaux. Par chance, mon formidable guide s'avère être plus courageux et dévoué que je n'aurais pu l'espérer. Nul besoin de le convaincre. À peine l'idée de faire route vers le front est évoquée qu'il saute au volant de notre véhicule tout-terrain. Il rit : « Si ça t'intéresse, allons-y. Ce sera une expérience exotique pour moi aussi ! » Nous talonnons le camion de la World Central Kitchen rempli de repas chauds et d'eau potable. Direction Tchassiv Yar. La simple évocation du nom de cette ville suffit à provoquer des sueurs froides à n'importe quel journaliste, d'autant plus s'il est français. C'est dans cette ville, qui comptait quatorze mille habitants avant la guerre, que l'envoyé spécial de l'Agence France-Presse Arman Soldin a trouvé la mort le 9 mai 2023. Le Franco-Bosnien, onzième ouvrier de l'information à perdre la vie en Ukraine depuis l'invasion, avait été la victime d'une attaque de roquettes russe. L'endroit a aussi de quoi inquiéter les membres de l'ONG, puisqu'un mois auparavant, le convoi d'une autre mission humanitaire, cette fois-ci organisée par l'organisation Proliska et soutenue par l'Agence des Nations Unies pour les réfugiés, avait été touché par un drone équipé de munitions anti-tank. Fort heureusement, personne n'avait été blessé. Plus nous nous rapprochons du front, plus les barrages et contrôles sont nombreux. Plus que jamais, je rends grâce à mon guide téméraire et à son laissez-passer. Nous traversons Kostiantynivka, dernier bastion de civilisation avant le monde du feu, de la terre brûlée et du sang. Nous sommes à portée d'artillerie russe. Passé ce point, il n'existe plus d'eau courante, plus d'électricité, plus de routes, plus de civils, plus rien. Juste la guerre.

Le front

La route qui relie Kostiantynivka à Tchassiv Yar est bloquée. Nous nous engageons sur un chemin créé par le passage répété des véhicules blindés ukrainiens, au milieu de champs qui s'étalent à perte de vue. « Regarde, c'est magnifique », me lance mon guide. Au petit matin, la lumière froide et rasante du soleil sur les collines dorées transforme le *no man's land* en un spectacle splendide. À contre-jour, les silhouettes de dizaines de militaires ukrainiens s'affairent, pelle à la main, à creuser des tranchées reculées en prévision d'un assaut ennemi qui ne saurait tarder. Les soldats russes sont tout autour et leur présence se fait ressentir. Petit à petit, des amas de briques apparaissent sur les bas-côtés. Ils sont tout ce qu'il reste des anciennes maisons d'ouvriers qui travaillaient dans la grande usine de briques, elle aussi détruite. Nous sommes dans Tchassiv Yar. Ou plutôt dans ce qu'il en reste.

L'horreur de la guerre est impossible à imaginer tant que vous n'y êtes pas confronté. De tous les livres, films, récits de journalistes de guerre et autres témoignages de vétérans, aucun ne vous prépare à ce qu'est réellement le front. Les mots manquent pour décrire avec précision l'extrême tension, la tristesse infinie, l'atmosphère de mort et la constante impression d'immense danger qui règnent dans cet endroit coupé du monde, hors de l'espace et du temps, où depuis des mois, à chaque seconde pleuvent les obus, les missiles, et les drones kamikazes. Au centre d'un square, toisant cette capitale de l'apocalypse de toute sa hauteur se dresse la statue décapitée de l'écrivain russe et héros soviétique Maxime Gorki, comme un puissant manifeste contre la menace venue de l'est. À chaque coin de rue, chars d'assaut, positions d'artillerie, véhicules et soldats se terrent dans des trous recouverts de filets de camouflage pour échapper à la surveillance aérienne de l'ennemi.

Au milieu du chaos, des ruines et gravats, nous sommes stupéfaits par la vision d'une femme âgée balayant machinalement, comme un automate, ce qui était peut-être la cour de sa maison. Elle fait partie de la petite poignée de gens, majoritairement des anciens, qui sont restés en dépit des injonctions à partir, malgré la destruction, le danger et la mort qui errent sans but comme autant de fantômes hantant la ville abandonnée. Ils ont décidé de rester alors que tout le monde est parti. Peut-être parce qu'ils n'ont nulle part où aller, nulle famille à rejoindre, pas d'amis pour les recevoir ailleurs. Peut-être trouvent-ils les murs de leurs foyers tremblant au rythme de l'artillerie plus rassurant, que les camps de réfugiés. Peut-être sont-ils tout simplement fatigués par une situation à laquelle ils ne voient pas d'issue. Ou peut-être trouvent-ils au contraire de l'espoir là où le reste du monde ne voit que poussière. Personne ne sait, pas même les soldats qui les côtoient et qui, chaque jour, tentent de les convaincre de partir. Les civils semblent concentrés en petits groupes allant d'une dizaine à une trentaine de personnes rassemblées autour des points de distribution de l'ONG World Central Kitchen. Sans eau courante, électricité, infrastructures et matériel, ils sont complètement dépendants de l'organisation dont les membres risquent chaque jour leur vie en conduisant entre les bombes pour apporter bidons d'eau potable, marmites de soupe et barquettes de repas chauds.

Alors que les bénévoles sautent hors de leur camion et s'empressent d'ouvrir les portes pour en décharger le contenu, une petite troupe d'anciens se masse rapidement pour récupérer les précieux repas et remplir des contenants de soupe chaude. Ils échangent rapidement quelques mots entre eux et avec les membres de l'ONG avant de se disperser dans les ruines d'où ils étaient sortis. Pour la majorité d'entre eux, il s'agit de leur seule interaction sociale de la journée. Tout autour, l'artillerie des deux camps continue de tonner. Le son est différent s'il s'agit d'un tir ukrainien ou d'un impact d'obus provenant des Russes. Si ces derniers tiennent absolument à s'emparer de Tchassiv Yar, c'est parce qu'après avoir pris la ville voisine de Bakhmout en mai 2023 à l'issue d'une bataille d'une violence inédite (certains observateurs vont jusqu'à évoquer un total de cinquante mille morts), la municipalité est une étape obligatoire dans leur avancée vers l'ouest et vers la ville de Kostiantynivka. En prenant celle-ci, l'armée russe s'ouvrirait la voie non plus seulement vers l'ouest, mais vers le nord et le sud, menaçant ainsi directement les villes de Kramatorsk et de Sloviansk. La défense ukrainienne serait obligée de se défendre dans trois directions plutôt qu'une et se retrouverait, selon toute vraisemblance, dépassée. Tchassiv Yar est la porte ouvrant sur la conquête du Donbass. Rien de moins.

La guerre nouvelle

« Si on voit un drone, on se barre le plus vite possible », me prévient mon guide. À Tchassiv Yar comme partout le long des mille kilomètres de front qui balafrent l'Ukraine du nord au sud, les engins volants télécommandés russes quadrillent le ciel. Certains ont pour rôle d'aider l'artillerie russe en observant le sol. C'est le cas de l'Orlan-10, qui est un des modèles les plus communs. Parfois équipé d'un viseur laser permettant aux artilleurs russes d'être le plus précis possible, il observe le terrain et offre à son opérateur une vue des positions ukrainiennes permettant de coordonnées les attaques aériennes et au sol.

D'autres drones, comme le Shahed-136 de conception iranienne, sont des bombes téléguidées qui survolent une zone avant de foncer sur leur cible, qu'elles détruisent dans une explosion d'une rare intensité. Tous les engins téléguidés qui survolent le front ne sont pas pour autant de fabrication militaire. Une grande partie d'entre eux sont des drones civils, très peu onéreux, fabriqués en masse par des entreprises du monde entier et disponibles sur n'importe quelle plateforme de vente en ligne. Ce sont les mêmes petits engins légers pourvus de quatre hélices dorsales qu'utilisent souvent les médias pour filmer des événements depuis le ciel ou les forces de l'ordre pour surveiller des regroupements de personnes lors de concerts ou de manifestations. Beaucoup moins chers et utilisables par n'importe qui depuis un téléphone portable, ils remplissent parfaitement leurs tâches, qui sont aussi diverses que ce que permettent l'imagination des soldats bricoleurs et les accessoires que l'on peut y attacher. Ainsi, si certains se cantonnent à les utiliser pour fournir des images du terrain, d'autres les équipent de bombes et grenades à larguer depuis le ciel, ou de munitions antipersonnel ou antichar qui explosent au contact du drone avec sa cible. Si ces gadgets volants ne sont pas tout à fait aussi efficaces que les engins de fabrication militaire, ils n'en restent pas moins des armes redoutables et extrêmement bon marché qui peuvent être utilisées sans formation préalable. Autant de qualités qui leur ont attiré les faveurs des combattants des deux camps, qui redoublent d'imagination pour leur trouver chaque jour de nouvelles utilisations. La guerre en Ukraine a ceci d'inédit qu'elle est à la fois le premier conflit armé de grande envergure mobilisant autant d'armes télécommandées ultra-technologiques, impliquant un apprentissage et une adaptation quotidienne des deux armées, tout en faisant la part belle à la débrouillardise et nous renvoyant cent ans en arrière, à l'époque des tranchées, des *no man's land* et de l'utilisation intensive de l'artillerie comme cela existait lors des terribles batailles de Verdun et de la Somme. Mon guide a raison. Être vu par n'importe lequel de ces drones nous mettrait en danger immédiat. Si cela venait à arriver, la seule réaction appropriée serait de prendre nos jambes à nos cous et de nous éloigner le plus rapidement possible.

À deux pas de ce qu'il reste du centre-ville, dans des petites maisons et immeubles de deux ou trois étages, des soldats ukrainiens ont investi les logements laissés inhabités par la grande majorité des résidents. Lorsqu'ils ne sont pas engagés dans les terribles combats qui se passent alentour, ils s'y reposent, essayent de dormir, y font leur toilette, se rasent, mangent un morceau et tentent tant bien que mal, malgré les constantes explosions des obus et drones russes qui tentent de les débusquer, de se relaxer avant de repartir au feu. L'un d'eux accepte de m'adresser la parole dans un anglais parfait et s'essaye même à mobiliser quelques souvenirs de ses vieilles leçons de français. Max connaît bien la guerre, cela fait dix ans qu'il la vit. « Je me suis engagé en 2014 comme assistant d'un grenadier des forces spéciales. En tant que soldat des troupes d'assaut, j'ai participé la même année aux batailles de Popasna et de Lyssytchansk contre les soldats russes et leurs alliés parmi les Ukrainiens. »

Le militaire, aujourd'hui capitaine, a progressivement gravi les échelons. Tout d'abord observateur pour l'artillerie, puis commandant d'un peloton de mortiers, il est aujourd'hui un des spécialistes de l'artillerie les plus appréciés du pays. L'air inquiet, il tend l'oreille et lève les yeux vers le ciel, à la recherche de drones ennemis. « Les drones de reconnaissance et d'attaque représentent un des plus grands dangers, si ce n'est le plus grand, pour nos forces sur le terrain. Les premiers sont terribles pour l'artillerie, qu'ils repèrent afin de lancer des bombardements, tandis que les seconds ont un effet dévastateur sur les fantassins et les blindés, que ce soit de notre côté où chez les Russes. Les drones d'attaque n'ont en général pas assez de portée pour attaquer l'artillerie, qui se trouve à cinq ou dix kilomètres du front. »

L'officier développe les moyens mis en place par l'armée ukrainienne pour se protéger des engins téléguidés. « L'artillerie combat les drones en déployant de nombreux stratagèmes pour masquer physiquement ses positions, ce qui implique des solutions d'ingénierie et de tendre plusieurs épaisseurs de filets de camouflage. Du côté de l'infanterie, ils couvrent leurs tranchées, utilisent des moyens de contre-mesures électroniques, et tentent d'abattre les drones avec des fusils de chasse. »

Alors que nous commençons à marcher vers le cœur de la ville en ruine et que les explosions continuent de se faire entendre dans les alentours, Max développe sa pensée. « Il est absolument certain que les drones représentent le plus grand chamboulement à avoir eu lieu sur le champ de bataille au vingt et unième siècle. Son impact sur la manière de faire la guerre est aussi grand que celui qu'avait eu le char d'assaut au siècle dernier. Les Russes utilisent de plus en plus de ces drones, et ils deviennent plus efficaces, plus précis, plus destructeurs et plus meurtriers. Ceci nous force à adapter nos tactiques. Les mouvements de troupes et de matériels à l'arrière se font exclusivement de nuit pour éviter d'être repérés depuis le ciel, et les mouvements des soldats sur le front sont presque inexistants à cause de la peur de se faire prendre pour cible. Ni nous, ni nos ennemis ne pouvons faire quoi que ce soit sans être vus désormais. Nous assistons vraiment au tournant principal du vingt et unième siècle, en ce qui concerne la guerre. »

Nous traversons rapidement la place principale de Tchassiv Yar. Sur les murs bleus d'un bâtiment en ruine qui semblait abriter une institution municipale ou une école, les soldats ukrainiens ont marqué à la peinture noire un message en anglais à l'attention de l'Occident : « Nous ne demandons pas tant que ça. Nous avons juste besoin d'obus d'artillerie et d'aviation. Le reste, nous nous en occupons nous-même. » « C'est notre plus grand problème », lance Max. « Dire que l'on manque de munitions est optimiste. C'est bien pire que ça. Aujourd'hui, une division d'artillerie ukrainienne qui compte dix-huit canons n'a droit qu'à cinq obus de 122 millimètres et dix obus de 152 millimètres par jour. Rendez-vous compte ! Et c'est sans compter l'absence de pièces détachées. Nos canons sont de conception soviétique et les usines et stocks de pièces sont sur le territoire russe. »

Alors que l'armée russe se rapproche un peu plus chaque jour et que les munitions se font de plus en plus rares, les défenseurs ne pourront tenir la ville que si la précieuse aide promise par leurs alliés internationaux arrive dans les plus brefs délais.

Alors que nous quittons Max, mon guide et moi sommes rejoints par un ami inattendu. Un chien errant a traversé la place à toute vitesse pour arriver jusqu'à nous et nous sauter dessus en jappant. Le petit animal au poil court, aux longues oreilles pendantes et à la robe noire et brune ne peut contenir la joie que lui procurent nos caresses. Il se frotte à nous et se blottit entre nos jambes, comme si elles lui offraient quelque refuge face à la terreur de son environnement quotidien. Nombreux sont les chiens et chats à errer dans les ruines des villes abandonnées. Dans leur fuite, les habitants ont souvent dû laisser leurs compagnons derrière eux. Les animaux comptent désormais sur les soldats, les ONG ou les quelques locaux restés sur place pour les nourrir et leur offrir un peu d'affection. « Nous sommes statiques depuis trop longtemps, nous ferions mieux de bouger », me lance mon guide, visiblement peu rassuré. Les véhicules et personnes statiques sont des cibles de choix pour les drones et l'artillerie russe. Le cœur lourd, nous enjoignons le pauvre chien à déguerpir et montons immédiatement dans le véhicule tout-terrain. Alors que nous manœuvrons pour faire demi-tour, un objet volant fend l'air à toute vitesse et vient s'exploser là où nous nous tenions debout quelques secondes auparavant. Le souffle de l'explosion secoue notre 4×4. S'agit-il d'un drone kamikaze, d'un obus d'artillerie ? Georgii pense avoir reconnu le son d'un drone piquant sur nous. Pas le temps de s'éterniser sur la question. Nous déguerpissons le pied au plancher.

Les combats semblent s'intensifier tout à coup et nous slalomons à toute vitesse dans les rues de Tchassiv Yar. Une roquette file dans un bruit assourdissant au-dessus de nos têtes. Le guide fait filer le véhicule dans le dédale des ruines, enchaînant les virages qu'il a parfaitement mémorisés à l'aller. Soudain, une masse vient assombrir le ciel et nous plonge un instant dans l'obscurité. Il s'agit d'un hélicoptère piquant vers le sol à toute vitesse, à quelques mètres à peine au-dessus de nos têtes. Il déclenche des leurres et se retrouve vite entouré d'un nuage de fumée et de petites explosions censées le protéger des munitions ennemies, avant de continuer sa descente et de disparaître derrière les bâtiments. Était-il touché ? S'écrasait-il ou plongeait-il à toute vitesse pour éviter les tirs russes ? Tout se passe si vite que nous n'avons même pas le temps de penser à autre chose qu'à notre fuite. L'adrénaline nous empêche d'avoir peur et l'extrême dangerosité de la situation nous oblige à garder notre sang-froid. Après quelques minutes à foncer dans les rues, nous quittons enfin Tchassiv Yar et nous nous engageons sur le chemin à travers champs par lequel nous étions arrivés. Dans l'autre sens, plusieurs chars d'assaut se hâtent vers la ville, emmenant avec eux des soldats finissant d'ajuster leur équipement. Imaginer ce qui les attend au bout de la route me transit d'effroi.

Je suis soulagé d'arriver enfin à Kramatorsk. Malgré sa proximité avec le front, la relative sécurité de la ville me semble immensément plus rassurante que l'endroit que nous venons de quitter.

Cette impression est très vite dissipée par la réalité, qui nous heurte comme un violent coup de poing dans le visage. Pendant notre absence, un immeuble d'habitation a été touché par une attaque de drones. Pire encore, les Russes ont utilisé la technique du « *double-tap* » qu'ils affectionnent depuis des mois : une fois que les premiers secours et les journalistes sont arrivés sur le lieu d'une explosion, ils visent une seconde fois le même endroit. Le compte de victimes n'est pas encore définitif, mais on m'informe que deux pompiers occupés à éteindre l'incendie déclenché par la première attaque ont perdu la vie dans la deuxième explosion. Oleh Martynenko et Bohdan Ravlyk avaient vingt-neuf et trente ans.

4.

Les entrailles

La route du retour vers Kyiv nous mène à Kharkiv. La seconde ville et ancienne capitale du pays est constamment la cible d'une pluie de drones et de bombes russes. Nous décidons d'y passer la nuit. Une alerte bombardement aura raison de la tranquillité nocturne et du repos que nous espérions y trouver au retour du Donbass. Nul besoin de préciser que cette fois encore, les missiles tirés par les Russes sont des Kh-101 « Kent ». La ville, située à une quarantaine de kilomètres de la frontière russe, est un des objectifs principaux du Kremlin. Comme dans la capitale située à cinq cents kilomètres de là, les habitants tentent à tout prix de conserver une vie quotidienne la plus normale possible, à la différence qu'ici la défense anti-aérienne est acculée et manque cruellement de munition. En allant au travail, au café ou au restaurant, les kharkiviens croisent chaque jour de nouvelles ruines, cratères d'obus, carcasses de véhicules, taches de sang et autres signes de désolation. Sur la place centrale, il ne reste que la façade de l'imposant bâtiment de l'administration régionale, en lieu et place duquel s'étend désormais un immense cratère faisant suite à un bombardement russe du tout début de la guerre, le 1er mars 2022, qui avait fait vingt-neuf morts et plus de trente blessés parmi les employés de bureau. Les missiles utilisés à l'époque par l'aviation, nommés Kalibr par les ingénieurs russes, sont eux aussi un véritable concentré de technologie occidentale.

Composants français

Pour savoir ce qui se trouve dans les missiles et les drones russes, il me faut retourner dans la capitale. Le froid est mordant en ce début de mois de mars et les abords de l'institut de recherche scientifique en expertise médico-légale du ministère de la Justice d'Ukraine sont recouverts d'une fine couche de neige. Pionnier dans son domaine, l'institut a pris ses quartiers à Kyiv dès 1913 dans un bâtiment du quartier de Shuliavka. J'attends de visiter cet endroit depuis le commencement de cette enquête, presque un an auparavant. C'est ici que m'ont mené les centaines de documents, photos et autres données accumulées au cours de ces mois de recherches sur les composants étrangers dans les armes russes. Dans ce bâtiment, des spécialistes de l'électronique, de mécanique et d'ingénierie pratiquent des autopsies sur tout le matériel russe qui tombe du ciel afin d'en extraire et d'en analyser méthodiquement les composants. C'est aussi ici que je devrais, si mon enquête est bel et bien fondée, pouvoir observer voire toucher les composants que je traque depuis un an. Devant la grille du grand bâtiment beige, j'ai de la peine à contenir mon impatience.

Mon contact vient me chercher dans le hall d'entrée. Souriante, elle s'excuse avec humilité dans un anglais très loin d'être honteux : « Mon anglais n'est pas parfait, je suis désolée. Nous aurions dû vous trouver un traducteur, mais je vais faire de mon mieux ! » Alors que nous passons la sécurité, elle m'explique où elle m'emmène : « Le service qui étudie les composants retrouvés dans les drones et missiles russes se trouve derrière le bâtiment. » Au fond d'une cour à l'allure de casse automobile sont empilés les restes en plus ou moins bon état de drones d'attaques, d'obus, missiles de croisière et autres munitions aériennes. Plusieurs drones de reconnaissance Orlan-10, parfois en pièces détachées, sont posés sur des étagères. Plus loin, deux drones d'attaque Shahed, de conception iranienne, ainsi qu'un gigantesque missile R-37M et un projectile de croisière Kh-59 en piteux état sont posés à même le sol.

On me présente à celui qui dirige ce service de recherche. L'homme est assez âgé, dégarni et vêtu de l'uniforme de l'institut. Il s'approche de moi le sourcil levé et m'inspecte d'un regard inquisiteur. « Journaliste ? Français ? Mouais. Je ne crois pas que vous soyez journaliste », me lance-t-il, avant de continuer. « Je ne comprends pas pourquoi vous vous intéressez à ce qu'on fait ici. Je n'ai pas confiance en vous. Mais on m'a demandé de vous montrer, alors je vais vous montrer. » Le ton est donné. L'homme m'emmène dans un bureau dans lequel travaillent deux de ses collègues. Sur une étagère, il attrape à côté des restes d'un drone ce qui ressemble à un amas de circuits imprimés attachés à un objectif d'appareil photo par une structure rotative en métal. « Vous cherchez des composants français ? Eh bien regardez-y de plus près », me lance mon étonnant guide. Il s'agit de l'intérieur de la boule optique d'un drone Orlan-10. L'objectif qui se trouve à l'intérieur, couplé à un petit capteur thermique, permet aux troupes russes d'observer le terrain et d'identifier des cibles potentielles. Après extraction du capteur, la minuscule plaque d'identification qui y est fixée devient parfaitement lisible. Y figurent la marque, « LYNRED », le nom du modèle « PICO 640-046 », et le numéro de série, « 438721032 ». Aucun doute, là aussi, les yeux du drone sont français.

Lynred est une grande société industrielle qui affirme volontiers faire partie des leaders mondiaux de l'imagerie thermique et est très fière de représenter la haute technologie à la française dans le monde entier. Détenue à parts égales par les gigantesques Safran et Thales, deux conglomérats en partie détenus par l'État français, l'entreprise emploie quelque mille salariés, principalement situés à son siège de Veurey-Voroize, au cœur de la « Silicon Valley » iséroise qui s'est développée autour de Grenoble. Son influence s'étend également à l'université grenobloise, où elle puise un tas de stagiaires et d'alternants et où elle détient une chaire visant à améliorer l'exploitation des images fabriquées par ses capteurs infrarouges dans un but « d'observation de l'environnement et du climat, de détection d'incendies, de fuites de gaz, et de sécurité civile ». Auprès des universitaires, Lynred se garde bien de faire la promotion de l'utilisation de ses inventions dans le cadre du conflit ukrainien. Pourtant, dans la brochure commerciale du PICO 640, le constructeur vante dès la première page une application « défense » de son petit bijou technologique, ainsi que la possibilité de reconnaître une cible humaine jusqu'à 700 mètres, et promet une « qualité d'image améliorée, une fiabilité éprouvée, une intégration facile ». De quoi séduire tous les fabricants de matériel militaire jusqu'à la Volga. En janvier 2023, Lynred lançait le projet « HEROIC », financé à hauteur de dix-huit millions d'euros par le Fonds européen de défense. L'entreprise française prenait alors pour quatre ans la tête d'un consortium de dix des principaux fabricants européens d'imagerie destinée à la défense afin de concevoir des détecteurs infrarouges à usage militaire de nouvelle génération. On se demande pourquoi les produits d'une entreprise participant à la défense de l'Union européenne se retrouvent dans les armes de son ennemi.

Remonter la piste

Il s'agit en effet bien des drones similaires à l'épave que j'ai sous les yeux qui survolent le terrain à Tchassiv Yar et qui, comme ailleurs sur le front, y rendent la vie impossible aux défenseurs, qui se font décimer par l'artillerie une fois repérés par ces engins volants. Ces drones russes télécommandés couvrent les zones de conflit depuis une altitude pouvant atteindre cinq mille mètres, offrant aux forces russes la possibilité d'identifier des cibles ou de larguer des charges explosives tout en restant en sécurité. Fabriqué par la société Special Technology Centre à Saint-Pétersbourg, pour un prix estimé entre 87 000 et 120 000 dollars l'unité, l'Orlan-10 peut être catapulté, voire directement lancé à la main par un opérateur au plus près des combats ou des cibles stratégiques. En plus de faire des ravages sur le front, ces engins volants rendent également la vie impossible aux démineurs ukrainiens et aux volontaires internationaux les ayant rejoints. Sur les milliers de kilomètres carrés repris aux Russes lors des contre-offensives, ces techniciens courageux ont pour mission de désarmer les millions de mines qui recouvrent chaque champ, chemin, forêt, jardin, ville ou village afin de sécuriser le terrain pour les troupes et les civils qui voudraient retourner chez eux. Les Orlan-10 repèrent les engins de déminage et en fournissent les positions, permettant ainsi à l'artillerie russe de les détruire, bloquant de fait toute tentative d'avancée ukrainienne.

Au mois de mai 2022, le soldat ukrainien Pavlo Kachtchouk, passionné d'automobiles et de mécanique, avait récupéré l'épave d'un de ces drones avant d'en faire une autopsie complète publiée sur ses réseaux sociaux et était le premier à donner l'alerte. Il démontrait que comme souvent pour le matériel russe tombé du ciel, la machine était remplie de composants d'origine chinoise et occidentale. Son cerveau était chinois, son moteur japonais et son système de communication américain. Déjà à l'époque, il avait démonté la boule optique du drone, révélant la présence du même capteur Lynred PICO 640 que j'ai dans les mains aujourd'hui. Après la découverte de Pavlo Kachtchouk, Lynred m'avait assuré par courriel que le composant retrouvé avait été « expédié le 5 août 2021 à un destinataire non-russe dans le cadre d'une licence globale d'exportation de biens à double usage délivrée pour une utilisation finale civile le 10 juin 2021 pour une durée de deux ans » et avait ajouté « qu'un certificat d'utilisation finale avait été préalablement signé par le destinataire non-russe, afin de garantir une utilisation finale civile et la non-réexportation du composant vers un pays tiers sous sanctions ou embargo ». La direction m'avait alors précisé qu'à « la suite de l'invasion de l'Ukraine par la Russie dans la nuit du 23 au 24 février 2022, Lynred avait immédiatement stoppé, et ce de sa propre initiative, toute expédition vers la Russie ». Le fait que le composant qu'on vient de me montrer ait été trouvé sur un théâtre d'opérations prouve donc l'existence d'un gros trou dans la raquette.

« Ce drone a été abattu il y a peu », m'indique le chef du service qui m'accompagne. Il précise sa pensée : « J'imagine difficilement qu'il ait été fabriqué il y a longtemps. Les Russes fabriquent ces engins en flux tendu. À peine sortis de l'usine, ils sont envoyés sur le terrain pour remplacer ceux qui viennent d'être perdus, et ainsi de suite. » Ceci impliquerait que le drone que j'ai sous les yeux ait été fabriqué dernièrement, possiblement avec des composants arrivés en Russie après l'invasion. Je jette un œil aux déclarations d'imports des douanes russes sur lesquelles j'ai pu mettre la main avant mon départ pour l'Ukraine et ce que j'y trouve est édifiant. Des composants fabriqués par Lynred ont bel et bien été livrés en Russie à neuf reprises entre le 2 mars 2022 et le 24 avril 2023, soit bien après le début de la guerre en Ukraine, pour un total de deux millions et demi de dollars. Sur les neuf transactions que je peux identifier, sept concernent des « composants semi-conducteurs photosensibles », soit des capteurs, le cœur de métier de Lynred. La commande du 24 avril 2023 aurait d'abord transité par une société chinoise pour arriver chez son client final à Moscou. Ce dernier, nommé Videofon MV, est spécialisé dans les hautes technologies de surveillance vidéo et thermique, pour des applications dédiées à la sécurité antiterroriste, à la surveillance des risques environnementaux, et à des usages militaires. Comme par hasard. Sur son site internet, Videofon MV livre même fièrement l'identité de ses principaux clients. « Service fédéral de sécurité de la Fédération de Russie, ministère de la Défense de la Fédération de Russie, ministère des Affaires intérieures de la Fédération de Russie, ministère des Situations d'urgence de la Fédération de Russie, service pénitentiaire fédéral de la Fédération de Russie, gouvernement de Moscou », ainsi que « de nombreuses autres entreprises d'importance stratégique ». Des partenaires de prestige qui ont tous à voir avec l'effort de guerre du Kremlin.

Nous traversons ensuite la cour jonchée de carcasses d'engins volants pour atteindre un des laboratoires du service. Sur les tables et étagères en acier, les pièces de missiles et de drones sont éparpillées entre les microscopes électroniques et les ordinateurs. Sur un établi, un drone russe Kartograf est en train d'être désossé. Développé par le FSB (héritier du KGB, les services de renseignement russes), ce petit avion sans pilote est longtemps resté classé top secret. En cause ? Son rôle essentiel sur le champ de bataille et sa conception originale.

Servant à la reconnaissance, il survole les lignes ukrainiennes afin de localiser le plus précisément possible les cibles et de transmettre en direct leurs positions à l'artillerie, permettant des frappes ultra-précises. Une mission que pourrait, en théorie, effectuer l'Orlan-10 dont il partage la silhouette. Mais le Kartograf est beaucoup plus performant et plus cher, puisqu'il remplace l'objectif unique de son cousin par douze lentilles et capteurs différents, lui permettant de capturer des photos et de la vidéo de manière beaucoup plus efficace. Un chercheur du laboratoire me montre un des capteurs servant à produire les images fournies par le drone. Il n'est pas plus grand que l'ongle de mon auriculaire, difficile d'y observer quoi que ce soit. Pourtant, une fois placé dans un microscope électronique, le logo du fabricant nous explose au visage : Sony. Que vient faire le génial inventeur japonais du Walkman, de la PlayStation et du Blu-Ray dans une redoutable machine de mort ?

« Le développement d'armes est un processus global », m'expliquait Aymeric Elluin, responsable du plaidoyer « Armes » à Amnesty International France, quelques mois avant mon départ pour l'Ukraine. L'expert me précisait que lors de la conception d'une arme, d'un équipement ou d'un véhicule militaire, un bureau d'études regarde tout d'abord les composants existant sur le marché, notamment civil, qui pourraient lui être utiles. « Au lieu de concevoir tout le système de A à Z, en mettant en place une chaîne de production pour tous les éléments, il va voir ce que les autres produisent pour moins cher que ce qu'il pourrait faire lui-même. Ensuite, il assemble les systèmes qui vont bien ensemble pour produire celui désiré avec les capacités désirées. »

Des tas d'autres composants provenant du monde entier reposent sur les étagères. Extraits des entrailles de drones, de missiles ou d'obus russes, ils sont fabriqués par le canadien Tallysman, les Américains Xilinx, Altera, Analog Devices ou Texas Instruments, l'allemand EPCOS AG, ou encore le néerlandais NXP Semiconductors. Le monde entier dans une ogive.

5.

Puces de mort

Un employé entre en trombe dans le laboratoire de l'institut de recherche scientifique en expertise médico-légale. Il a l'air pressé et veut que je le suive immédiatement. Il m'accompagne dans le bureau du chef de service d'analyse des armes russes. L'homme qui m'était apparu lors de mon arrivée comme étant méfiant et antipathique semble métamorphosé. Il est triomphant et me gratifie d'un grand sourire, les bras levés vers le ciel : « Ah ! Vous voilà ! » Excité par ce que j'imagine être une importante découverte, il me tire par la manche vers une carcasse de drone kamikaze Shahed. « Regardez, regardez ! » Il me tend le circuit imprimé qui contient le système de navigation du terrible engin. « Alors, vous voyez ? Regardez bien ! » Je m'empare de la loupe qu'il me tend, contaminé par son excitation contagieuse. Il ne me faut pas une seconde pour repérer ce qu'il voulait absolument que je voie. Une puce noire de forme carrée, beaucoup plus grosse que les autres, est gravée du logo de l'entreprise STMicroelectronics.

Comme indiqué clairement par une gravure à sa surface, il s'agit d'un microprocesseur STM32F765, ce qui en fait un composant issu de la gamme des processeurs STM32, le produit phare de la firme dont les usages sont aussi nombreux qu'il existe de produits incluant de l'électronique, du grille-pain moderne ultra-connecté à l'automobile, en passant par des armements divers et variés. On le retrouve donc logiquement dans toute une série de drones utilisés par les forces armées russes, notamment dédiés à la reconnaissance, mais aussi dans des engins kamikazes tels que le Lancet-3 et le Kub-Bla, qui sont utilisés quotidiennement pour frapper des cibles en Ukraine.

De Grenoble à Kharkiv

C'est à Kharkiv, où la situation se détériore rapidement depuis que j'y ai passé quelques jours avant de rentrer à Kyiv, que ces engins volants font aujourd'hui le plus de dégâts. La deuxième ville d'Ukraine, peuplée d'un million et demi de personnes, célèbre pour son université ayant fourni trois prix Nobel et pour être une place importante de la recherche et de l'entrepreneuriat dans le domaine de l'informatique, subit sans relâche les bombardements russes. Chaque jour et chaque nuit, des dizaines de drones et de missiles profitent de l'absence de défense aérienne et tombent sur la ville, ciblant en grande majorité des infrastructures civiles et des zones résidentielles. Les victimes, parmi lesquelles des enfants et des personnes âgées, se comptent par centaines. L'usine électrique a été touchée, plongeant la métropole dans le noir. Le centre sportif universitaire, où s'entraînaient des athlètes olympiques, est éventré par les cratères de plusieurs missiles. Des quartiers entiers d'immeubles d'habitation ne sont plus que des champs de ruine. Ce sont des engins similaires à la terrible machine que j'ai devant moi qui ont déchaîné les enfers dans le quartier de Novobavarskyi et coûté la vie, dans de gigantesques explosions, à trois pompiers. Arrivés sur place pour éteindre un incendie causé par une première frappe, Serhii Baidalinov, Volodymyr Matiushenko et Vladyslav Lohinov ont été tués par un « *double-tap* ». Vladyslav Lohinov laisse derrière lui un fils, Volodymyr, lui aussi pompier, qui portait secours à des victimes à quelques mètres seulement du lieu de l'assassinat de son père. La vision du jeune soldat du feu s'effondrant au milieu des ruines en réalisant que l'explosion à laquelle il vient d'assister lui a arraché son père est un véritable cauchemar.

Le Shahed qui gît devant moi me remplit d'effroi. Même éventré par les techniciens, il reste une machine de mort d'une efficacité épouvantable. Le STM32F765 retrouvé dans le cerveau de l'engin est bien connu des fabricants de drones, qu'il s'agisse d'usages militaires ou privés, puisqu'il équipe notamment un modèle de boîtier de pilotage automatique très populaire de la marque chinoise CUAV. Commandes de vol, navigation, localisation ou encore contrôle de l'alimentation, les fonctionnalités du petit composant fabriqué en France sont indispensables aux ingénieurs russes, le tout pour un prix défiant toute concurrence : environ 15 dollars l'unité, voire moins lors de l'achat de très grandes quantités. Géant industriel et poids lourd du secteur des puces électroniques, STMicroelectronics dispose d'un siège en Suisse, est régi par le droit hollandais et compte à son capital des fonds du ministère italien de l'Économie, de la banque pour l'investissement française et même la banque centrale de Norvège. Un véritable champion de la mondialisation. Mais c'est bien à Crolles, à côté de Grenoble, que se situe le berceau de son pôle Recherche & développement. En comptant le site du Rousset, près d'Aix-en-Provence, le nombre d'employés travaillant en France pour la multinationale frôle les neuf mille.

Le gros microcontrôleur n'est pas la seule pièce fabriquée par STMicroelectronics à se retrouver dans le Shahed. Sur le même circuit imprimé servant à la navigation, la puce côtoie notamment une poignée de minuscules transistors régulateurs de tension conçus par la firme, marqués de l'identifiant « LD33 E248 ». En dehors des drones, l'entreprise franco-italienne peut également compter sur la publicité que lui octroie la présence de ses produits dans tout un tas d'autres éléments de l'arsenal russe dont les épaves jonchent le sol du théâtre de guerre ukrainien.

La mort venue du ciel

Vendredi 23 juin 2023. Quatre bombardiers russes TU-95MS argentés, vestiges de la guerre froide, profitent de l'obscurité offerte par la nuit pour survoler la mer Caspienne. Leur mission est de détruire l'aérodrome militaire de la région de Khmelnytsky, dans l'ouest de l'Ukraine. L'armement qu'ils portent leur permet de ne pas avoir besoin d'approcher la cible. Les Kh-101 dont ils sont équipés sont parmi les missiles de croisière les plus aboutis de l'arsenal russe ; ils disposent d'une portée de 4 500 kilomètres et bénéficient d'une vitesse frôlant les 1 000 kilomètres par heure. Une chance pour les pilotes, qui n'ont pas à franchir la frontière ukrainienne et qui peuvent tirer en sécurité depuis leur propre espace aérien. Cette nuit-là, treize missiles sont tirés pour porter un coup violent à l'aviation ukrainienne. Ils seront finalement tous détruits par la défense antiaérienne. Un soulagement que n'auront pas connu les centaines d'autres cibles détruites dans le pays tout au long de la guerre, parmi lesquelles des locaux militaires, mais aussi des infrastructures énergétiques dont l'arrêt plonge les villes de Kyiv et de Kharkiv dans le noir, des complexes sportifs, ou encore des milliers de logements, tombant parfois par quartiers entiers sous des pluies de missiles, augmentant à chaque fois drastiquement le sinistre compte des victimes civiles. Si le Kremlin peut autant compter sur ses missiles de croisière, c'est en grande partie grâce à leur système de navigation par satellite, nommé avec poésie SN-99 par les ingénieurs russes. Pour le faire fonctionner, ces derniers l'ont équipé de deux boîtiers de circuits imprimés aux noms tout aussi exquis : MS-1-4TQFP44 et MS-2-4TQFP44, fabriqués, là encore, par STMicroelectronics.

« Comme le drone Shahed que vous avez sous les yeux, qui a été dessiné par des Iraniens mais qui est désormais fabriqué en Russie, tout ce qui nous tombe dessus aujourd'hui a été produit récemment. Rien de tout cela ne date d'avant la guerre, la Russie ne disposait pas d'assez de réserves pour que leurs anciens composants se retrouvent dans l'équipement récent et leur industrie tourne aujourd'hui à plein régime », m'explique un des spécialistes présents dans le bureau. Pourtant, dans un courrier du 14 mars 2023 adressé à l'Observatoire des armements qui lui demandait des comptes, l'industriel franco-italien assurait travailler en conformité avec les règles internationales et avoir pris des mesures de contrôle supplémentaires depuis l'invasion russe de l'Ukraine, en février 2022. En conclusion de son courrier à l'Observatoire, le groupe assurait : « Nous n'avons plus d'activités en Russie. » Je ne peux résister à l'envie de jeter un œil aux relevés douaniers russes que j'ai en ma possession. Surprise, STMicroelectronics y apparaît. Et pas qu'un petit peu. Entre le 2 janvier et le 30 avril 2023, soit un an après l'invasion de l'Ukraine par la Russie, ce sont pas moins de cinq mille quatre cent neuf déclarations d'imports de composants fabriqués par l'entreprise qui ont été tamponnées par les douaniers russes, pour un montant total de 29,5 millions de dollars. Une bagatelle comparée au chiffre d'affaires record de

16,1 milliards de dollars enregistré par le groupe en 2022, mais de quoi construire assez de drones et de missiles pour se lancer dans l'invasion d'un voisin grand comme la France et la Suisse réunies.

Les plus grosses cargaisons, dont la valeur du contenu dépasse à plusieurs reprises le million de dollars, ont toutes un point commun très intéressant. Elles sont réceptionnées en Russie par une entreprise du nom d'Itelma. Véritable fierté de l'industrie russe, la firme, qui emploie plus de deux mille cinq cents employés, est un des leaders de la production d'électronique embarqué pour les automobiles en Russie et avait reçu la visite du précédent président russe, Dmitri Medvedev, en septembre 2018. Mais son activité ne s'arrête pas là, puisque le gouvernement ukrainien l'a placée sur sa liste des sanctions. Une décision que Kyiv justifie par le fait que « la société est une entreprise du complexe militaro-industriel russe qui fabrique / fournit / répare et entretient des produits militaires qui ont été utilisés par la Russie lors de l'invasion illégale de l'Ukraine en 2022 », précisant qu'elle en est « l'un des principaux fournisseurs de composants électroniques » et ajoute, après avoir rappelé que « les armes modernes de la Fédération de Russie dépendent fortement des importations étrangères », que « l'activité de l'entreprise est une source de revenus importants dans le budget de la Fédération de Russie pour mener sa guerre d'agression ».

Contourner les sanctions

Le nom d'un autre client de choix revient régulièrement dans la liste des produits STMicroelectronics passés par les services de la douane russe. L'entreprise SMT-iLogic est l'un des principaux fournisseurs de microcontrôleurs du Special Technology Centre, l'entreprise de Saint-Pétersbourg qui fabrique les drones Orlan-10. Elle figure sur la liste des sanctions de l'Union européenne, du Royaume-Uni, de la Suisse, des États-Unis, du Canada, du Japon et de l'Ukraine. Cela est donc sûrement dû à un parfait hasard si SMT-iLogic a acheté 20 892 composants STMicroelectronics pour un montant de 273 380 dollars entre janvier et avril 2023, en passant systématiquement par des entreprises relais domiciliées en Chine. Car si les fabricants de composants électroniques sont situés en Europe, en Amérique du Nord ou encore en Japon, ceux-ci n'expédient pas les composants nécessaires à la fabrication d'armes directement à la Russie. Les sanctions, embargos et lois internationales les en empêchent. Pour cette raison, ils passent par des sociétés relais étrangères, à qui ils envoient leurs produits en masse. Souvent, ces entreprises sont dirigées par des ressortissants russes ou bien par des personnes ayant des relations commerciales historiques avec la Russie. Ces entreprises se trouvent dans des pays qui n'ont stoppé leurs affaires ni avec l'Ouest, ni avec la Russie comme la Chine, Hong Kong, Singapour, ou encore le Kirghizistan.

Cette ancienne république soviétique d'Asie centrale, située sur la route de la soie, a toujours été une terre d'échanges entre l'Orient et l'Occident. Aujourd'hui, le pays est un des plus grands facilitateurs d'importations vers la Russie. Il a ainsi triplé ses importations venant de Chine, et multiplié celles originaires d'Allemagne par quinze. Le pays a également annoncé avoir augmenté ses exportations vers la Russie, passant de 393 millions de dollars en 2021, à plus d'un milliard de dollars en 2022. Un chiffre que plusieurs observateurs considèrent comme étant bien en deçà de la réalité. Dans la grande compétition mondiale de ceux à qui la guerre profite, le Kirghizistan se place en tête de peloton.

Pour STMicroelectrnics, tout va bien dans le meilleur des mondes possibles. L'entreprise est à la tête du consortium européen Exceed, où elle côtoie dix-neuf autres entreprises européennes dont les français Safran et Thales, dont le matériel est également retrouvé dans les armes russes en Ukraine, notamment au travers des capteurs de leur filiale commune Lynred. Le but du consortium, lancé en 2020 et financé à hauteur de 90 millions d'euros par le Fonds de défense européen avec la participation de l'Agence de défense européenne, est de développer une puce électronique à usage militaire tout en construisant les fondations d'une filière européenne de systèmes microélectroniques de défense. Le site isérois de STMicroelectronics à Crolles sera chargé de fabriquer cette nouvelle puce. Le fabricant s'est par ailleurs vu octroyer en mars 2022 un prêt de 600 millions d'euros par la Banque européenne d'investissement. En prime, la firme franco-italienne a très largement profité du plan Nano 2022, mis en place par le gouvernement français en 2019.

Ce programme, également soutenu par l'Union européenne, a été initié après l'arrêt de l'industrie dû à la pandémie de Covid 19 et la pénurie mondiale de puces qui a suivi. Il est censé permettre à la France et à l'Europe d'atteindre la souveraineté totale dans la fabrication de semi-conducteurs, essentielle notamment pour remplir les objectifs de production dédiée à la défense. STMicroelectronics profite à fond de ce projet, puisqu'elle y a puisé 1,1 milliard d'euros. Le plan Nano 2022 a d'ailleurs été lancé en grande pompe dans les locaux de l'entreprise à Crolles, dans la banlieue de Grenoble. Le 5 juin 2023, le ministre français de l'Économie Bruno Le Maire y était présent pour lancer la construction d'une nouvelle « méga-usine de semi-conducteurs » pour laquelle la France mobilise à nouveau 2,9 milliards d'euros. « Le plus grand investissement industriel des dernières décennies hors nucléaire », selon le ministre, qui affirme que le nouveau site permettra « d'augmenter les capacités de production française de 620 000 plaques de semi-conducteurs par an à l'horizon 2028 ».

Pour l'aider dans la mise en place de ce projet pharaonique, STMicrolectronics peut compter sur une association avec l'un des principaux fabricants de puces électroniques au monde : la compagnie américaine Global Foundries. Ce plan, qui répond en apparence à une logique industrielle évidente, dissimule un détail qui pourrait avoir de grandes conséquences géopolitiques. Derrière Global Foundries se cache son principal investisseur,

Mubadala Investments. Très actif dans l'Hexagone, ce fonds d'investissement appartient au gouvernement des Émirats arabes unis. Partenaire de la Banque publique d'investissement française et actionnaire d'un fonds destiné à protéger les entreprises françaises, Mubadala s'est placé comme un partenaire essentiel de la stratégie de réindustrialisation de la France. Il est aussi l'un des principaux associés de son complexe militaro-industriel, puisque depuis les années 1990, le fonds d'investissement sert de réceptacle aux montants des contrats d'armement qui doivent être reversés à Abu Dhabi. Ainsi, Mubadala est derrière la commande record de 17 milliards d'euros pour quatre-vingts avions de chasse Rafale à la France par les Émirats arabes unis en 2021 et est à l'origine du rachat de Manurhin, célèbre manufacturier alsacien d'armes à feu et de munitions, en 2018. Avec l'agrandissement de l'usine STMicroelectronics, la France s'associe donc une nouvelle fois au régime autoritaire moyen-oriental pour financer la fabrication d'équipements dans les secteurs stratégiques des composants microélectroniques et de la défense. Rien de tout ceci ne rassure l'Observatoire des armements, qui questionne une telle association : « Dans quelle mesure les Émirats arabes unis vont pouvoir obtenir les licences des recherches réalisées dans les usines de Grenoble ? À quoi vont servir les composants produits ? Que vont faire les Émirats de ces technologies et de ces savoir-faire ? » Des questions d'autant plus légitimes qu'Abou Dabi a été épinglé par l'ONU pour de multiples violations d'embargo, notamment sur la Libye ou la Somalie et s'est engagé dans une guerre destructrice au Yémen. Le 3 septembre 2019, l'Organisation des nations unies avait pourtant demandé aux États de s'abstenir de fournir des armes pouvant être utilisées dans ce conflit qui a fait à ce jour plus de 380 000 morts. Dans un rapport publié le 14 décembre 2021 en collaboration avec la Fédération internationale pour les droits humains, l'Observatoire des armements avait mis en lumière le rôle des armes françaises dans les exactions commises par les Émirats arabes unis au Yémen. Sur le terrain, les blindés émiratis étaient notamment équipés de matériels Lacroix, un groupe industriel spécialisé dans les moyens électroniques de défense. L'entreprise, originaire de Bretagne, est un partenaire historique de STMicroelectronics.

En continuant mon inspection de l'épave, je réalise que le petit microprocesseur côtoie un tas d'autres composants d'origines diverses, dont une pléthore de puces du géant de l'électronique Texas Instruments. Le chef du service laisse échapper une expression de dégoût et peste, l'air désabusé : « Ah oui. Ces puces américaines, on en trouve partout ! » L'entreprise texane, connue de tous les lycéens du monde pour ses calculatrices, fait partie des principaux fabricants de matériaux électroniques retrouvés dans l'armement russe. Aussi étonnant que cela puisse paraître, tout ceci n'a rien de nouveau et trouve en réalité sa source dans un système mis en place il y a plusieurs décennies, à l'époque où la Russie faisait partie de l'Union des républiques socialistes soviétiques.

6.

Paris, Moscou, Texas

Décembre 1980. Aux ordres de Moscou, des soldats russes, ouzbeks, ukrainiens, baltes ou encore turkestanais de l'armée de l'Union soviétique sont empêtrés depuis déjà un an dans l'invasion de l'Afghanistan sous prétexte d'y préserver le pouvoir communiste en place, confronté à une guérilla contre-révolutionnaire, et de maintenir la paix en Asie centrale. Aux États-Unis, la campagne présidentielle vient de donner Ronald Reagan vainqueur, qui a promis un durcissement de la politique anticommuniste américaine. À Moscou, le calme est revenu après les Jeux olympiques les plus politisés depuis ceux de 1936 à Berlin – la moitié des pays du monde les ayant boycottés pour affirmer leur opposition à la guerre en Afghanistan. Le vent qui s'engouffre dans les larges avenues de la capitale russe en cette fin d'année est terriblement froid. Une berline de luxe de fabrication soviétique, dont l'acquisition est réservée aux membres importants du Parti, est garée le long d'un trottoir. Au volant, le lieutenant-colonel Vladimir Vetrov frémit d'impatience. Il attend un rendez-vous d'une importance cruciale. Le plus déterminant de sa carrière.

Aux origines d'une dépendance

Diplômé de l'académie d'ingénierie de Moscou après de brillantes études, Vladimir Vetrov entre en 1959 au KGB, le célèbre service de renseignement et de contre-espionnage soviétique. C'est en 1965 que sa carrière d'espion commence réellement, lorsqu'il est affecté à l'ambassade de l'URSS à Paris. Officiellement, il est attaché au développement des échanges commerciaux entre son pays et la France. Dans la réalité, il est chargé de fournir à sa patrie tout un tas d'informations techniques et scientifiques dont elle a besoin, notamment pour son industrie militaire et son programme spatial. Utilisant les accès que lui procure sa couverture, il visite de nombreuses usines, universités et laboratoires. Il soudoie aussi des scientifiques, grâce auxquels il accède notamment aux détails du programme Ariane. L'espion prend également contact avec des ingénieurs français afin d'obtenir, moyennant paiement, des composants de haute technologie interdits à l'exportation vers l'est. Une pratique que les Russes entretiendront toujours soixante ans plus tard.

Bon vivant, Vladimir Vetrov découvre à Paris un mode de vie à mille lieues de tout ce qu'il connaît. Il profite de tout ce que la ville lumière a à offrir et qu'il ne trouve pas à Moscou, qu'il s'agisse de liberté, de confort, de luxe, de bonne chère, de fête et de boisson. Il affectionne particulièrement les belles étoffes et les alcools importés du monde entier, introuvables à Moscou. Après cinq ans passés en France, il retourne à contrecœur pour quatre ans en Russie avant d'être envoyé pour une mission similaire au Canada. Il est ravi de repartir dans cet Ouest qu'il affectionne tant. À nouveau chargé de l'espionnage scientifique et technologique, il questionne de plus en plus la doctrine mise en place par Brejnev, alors dirigeant du Parti communiste, qui accentue le retard technologique de l'URSS et l'oblige à voler des plans et du matériel à un Occident toujours plus avancé. Pour l'officier de renseignement, la situation est absurde et humiliante.

De retour à Moscou après une mission canadienne finalement écourtée à cause de conflits réguliers avec son supérieur direct, le lieutenant-colonel Vetrov est placé à la tête du service analyse et information de la section « T » du KGB, qui est responsable de l'espionnage scientifique et technologique. Il y traite les rapports d'officiers de renseignement situés partout dans le monde et travaille sur les dossiers d'armement les plus sensibles. Ce nouvel emploi ne plaît guère à l'agent de terrain qui ne rêve que de goûter à nouveau à cette vie occidentale qui lui plaît tant. De plus en plus porté sur la boisson, il s'isole et déprime dans son bureau. Il est également dépité de ne pas évoluer à cause de son manque de connexions politiques et de voir des agents bien moins compétents que lui mais mieux soutenus le dépasser dans la hiérarchie. Il est fatigué par la corruption, le népotisme et le favoritisme qui règnent au sein du KGB et de l'administration de l'URSS. Son mariage malheureux vient enfoncer le clou, et l'adultère de sa femme lui est absolument insupportable, alors même qu'il a connu de nombreuses autres femmes qu'elle, tant en Russie qu'à l'étranger. Résigné, il prend la décision d'entraîner son pays, qu'il tient pour responsable de son malheur, dans sa chute.

La porte du côté droit de la berline soviétique s'ouvre. Un homme de corpulence assez forte, emmitouflé dans un long manteau de laine et portant de grandes lunettes de vue à la mode des années 1980 prend place sur le siège passager.

Il échange avec Vetrov en français, une des langues que l'officier de renseignement a appris à maîtriser pendant sa formation au KGB. Le grand gaillard qui vient de s'installer dans la voiture est Jacques Prévot, un ami de Vetrov rencontré à Paris. Le Français est le représentant en Russie d'une grande entreprise française spécialisée dans les technologies de pointe. Ses allers-retours réguliers entre Paris et Moscou et ses liens avec les industriels russes ont fait de lui une recrue de choix pour la DST, la Direction de la surveillance du territoire, qui est alors le service de renseignement du ministère de l'Intérieur français chargé du contre-espionnage. La compagnie que représente Prévot s'appelle Thomson-CSF, un géant de l'électronique qui sera plus tard renommé Thales après que sa filiale microcomposants a donné naissance à STMicroelectronics. Deux entreprises dont le matériel se retrouvera quarante-deux ans plus tard dans l'armement russe utilisé dans l'invasion de l'Ukraine. Ayant construit une amitié durable basée sur une confiance absolue, Vladimir Vetrov et Jacques Prévot connaissent tous deux les réelles activités de l'un et de l'autre. « Tiens, tu donneras ça à tes supérieurs », ordonne l'espion soviétique à son ami en sortant une enveloppe de sa serviette en cuir. Il demande également au Français de faire passer un message à la DST : il veut que l'agence envoie un agent à Moscou, qu'il pourrait joindre régulièrement afin de lui transmettre plus de documents. À partir de ce moment Vladimir Vetrov est un traître à l'URSS.

À Paris, les pontes de la DST sont aux anges. Pour son directeur, il s'agit de l'affaire du siècle. Compte tenu de la sensibilité du dossier, une précaution extrême est de mise. Pour donner l'impression que l'origine du dossier est américaine ou anglaise, ou bien qu'il est déjà clos, les services français lui donnent le nom de « Farewell », « adieu » en anglais. Les informations contenues dans les documents transmis par Vetrov sont si sensibles que seuls trois ou quatre agents de la DST travaillent à les traduire et à les analyser, la nuit, en dehors des horaires de bureau et loin des regards de leurs collègues. Au total, ce sont plus de quatre mille documents qui sont envoyés par l'agent double russe. Au fur et à mesure de leur analyse, qui prend des mois, les Français établissent pour la toute première fois les liens entre les différents acteurs d'un réseau mondial d'espionnage et de vol de matériel, de sciences et de technologies occidentales. Non seulement les documents viennent confirmer les dires d'un autre espion russe passé à l'Ouest, Vassili Mitrokhine, qui démontrait, documents à l'appui, que le KGB avait même infiltré le bureau français du géant de l'électronique américain Texas Instruments, mais ils prouvent que les Soviétiques utilisent de manière organisée et systématique une quantité astronomique de technologies occidentales dans leur armement. Missiles de croisière, avions de chasse, radars, bombes, appareils de visée ou encore systèmes de navigation : des centaines d'équipements et de types de munitions sont basés sur des recherches occidentales et utilisent des composants fabriqués à l'Ouest. Les archives fournies par Vetrov font état de milliers d'espions, agents et collaborateurs infiltrés dans les ambassades, les centres de recherche, les entreprises, les laboratoires, les usines et les universités, les programmes de coopération scientifique internationale, les médias, les compagnies aériennes ou encore les entreprises de transport dans le seul but de mettre la main sur ces technologies et sur les éléments nécessaires à leur fabrication. À la tête de ce réseau tentaculaire se trouve le VPK, pour Voïenno-Promychlennaïa Komissia, la commission soviétique pour les questions d'industrie militaire.

Dans la foulée, le président Mitterrand décide de partager ces découvertes avec les États-Unis. La CIA voit immédiatement l'intérêt d'une telle collaboration. Dès 1982, elle se met à étudier les données du dossier Farewell et évalue que les Soviétiques ont réussi à copier dans son intégralité le missile air-air américain Sidewinder (code AIM-9), offrant par la même occasion à l'URSS son tout premier missile à tête chercheuse infrarouge, renommé Vympel K-13. Les Soviétiques auraient également réussi à copier d'autres équipements militaires, tels que le missile antiaérien tiré à l'épaule Redeye (code FIM-43), et auraient subtilisé des informations sur le système de guidage du missile balistique intercontinental thermonucléaire Minuteman (code LGM-30), ainsi que des données sur les systèmes électroniques des avions de chasse américains et sur tout un tas d'autres systèmes d'armement américains. Dans un rapport publié trois ans plus tard, les services de renseignement américains décrivent les entreprises IBM et Texas Instruments comme des cibles prioritaires pour les Soviétiques. Ils révèlent dans ce même rapport que les agents en charge de l'espionnage technologique et scientifique ont été extraordinairement prolifiques. Selon eux, plus de 60 % du matériel espionné provenait des États-Unis, 10 % d'Allemagne de l'Ouest, 8 % de France, un peu plus de 7 % du Royaume-Uni et 3 % du Japon.

Les services français et américains sont d'autant plus subjugués par l'importance de ces révélations qu'elles ne leur coûtent rien. Tout ce que Vladimir Vetrov demande en échange, c'est du whisky, et de temps en temps des bijoux et des vêtements à offrir à sa maîtresse. À son contact de la DST à Moscou, il explique être outré que l'URSS doive voler de la technologie à l'Ouest alors que les ingénieurs soviétiques pourraient arriver aux mêmes découvertes et inventions. Cette manière de procéder, élevée au rang de doctrine par le Kremlin, est à l'origine de la dépendance, des décennies plus tard, de l'industrie militaire russe en composants occidentaux. Plutôt que de rechercher et de développer ses propres technologies et de construire des usines pouvant les fabriquer à grande échelle, la Russie préfère aujourd'hui, comme il y a quarante ans, reproduire des systèmes inventés par l'Ouest et les équiper de composants fabriqués aux États-Unis, en Europe ou au Japon. C'est pour cette raison que les employés ukrainiens du laboratoire de l'institut de recherche scientifique en expertise médico-légale de Kyiv retrouvent aujourd'hui des milliers de matériels occidentaux dans les missiles et drones russes. Des matériels que les Russes sont dans l'incapacité totale de produire, les forçant à mettre en place et à entretenir des réseaux pour acquérir, en dehors des circuits habituels, les biens qui sont essentiels à leur industrie de l'armement mais que les lois internationales et les embargos les empêchent d'importer directement. Pour cette raison, les renseignements soviétiques et leurs successeurs russes continuèrent et continuent encore de cibler les principales sociétés d'informatique et de microélectronique mondiales dans le cadre de leurs activités de vol de technologies et d'acquisition de composants.

Hier et aujourd'hui

C'est ainsi qu'en 2012, onze individus ont été inculpés aux États-Unis pour avoir exploité un réseau de contrebande visant à exporter des technologies sensibles parmi lesquelles des microcomposants pour le compte d'agences militaires et de renseignement russes. Les membres de ce réseau avaient réussi à exporter vers la Russie les composants issus de plusieurs entreprises américaines, dont Texas Instruments et Analog Devices, en affirmant travailler pour Arc Electronics, qui était en réalité une société écran. Selon le ministère de la Justice américain, Arc Electronics aurait expédié des marchandises pour une valeur de

50 millions de dollars à des fournisseurs d'équipements militaires du ministère russe de la Défense entre 2002 et 2012.

Plus récemment, en avril 2022, soit un peu plus d'un mois après le début de l'invasion russe de l'Ukraine, le Trésor américain avait désigné plus de trente personnes et entreprises soupçonnées d'acquérir des technologies occidentales essentielles pour le compte des services de renseignement russes. Ces désignations incluaient un réseau centré sur une entité russe nommée Serniya Engineering, que le Trésor américain a décrite comme étant la plus importante source d'approvisionnement de la Russie en composants microélectroniques. Le centre du réseau de Serniya Engineering, qui s'étend du Royaume-Uni à Singapour, en passant par Malte et l'Espagne, se trouve dans un immeuble d'appartements à l'allure tout à fait banale de la banlieue de Moscou. C'est là qu'est domiciliée la société Sertal. Une rapide vérification sur le site internet de la firme la présente comme un « fournisseur de composants électroniques » fabriqués entre autres par Texas Instruments, Analog Devices, Cypress Semiconductors, NXP Semiconductors, ou encore notre fameux STMicroelectronics. Autant de sociétés à l'origine des composants parmi les plus nombreux à avoir été trouvés dans les armes russes en Ukraine.

En analysant et en croisant des données d'origines diverses, le Royal United Services Institute, groupe de réflexion britannique spécialisé dans la défense et la sécurité, a été en mesure de confirmer que Sertal a bel et bien permis à la Russie d'acquérir des composants occidentaux. En novembre 2021, la compagnie a importé pour l'équivalent de plus d'un million de dollars de circuits électroniques fabriqués par la compagnie américaine Xilinx en passant par un intermédiaire situé à Hong Kong. Plus tôt, en mars ce la même, ce même intermédiaire avait permis à l'importateur russe d'acquérir l'équivalent de 660 000 dollars de composants issus des usines de Texas Instruments.

Les puces du géant texan de l'électronique se trouvaient sur la quasi-intégralité des circuits imprimés issus des drones et missiles russes disséminés sur les établis et étagères de l'institut de recherche scientifique en expertise médico-légale du ministère de la Justice d'Ukraine. Si l'entreprise est la cible de l'espionnage, des vols et des imports indirects soviétiques puis russes depuis les années 1960, elle est aussi l'une des plus représentées dans les terribles machines de mort qui terrorisent aujourd'hui les civils ukrainiens et rendent la vie impossible à l'armée de Kyiv. Sur les quatre cent cinquante composants identifiés par le Royal United Services Institute dans les systèmes d'armement russes, du plus banal au plus spécialisé, près d'un quart sont fabriqués par Texas Instruments et Analog Devices, un autre géant mondial de l'électronique d'origine américaine.

Du haut de ses quarante et un mille brevets déposés en presque cent ans d'existence, Texas Instruments est devenue l'une des plus grandes sociétés de semi-conducteurs au monde. Comme Analog Devices, l'entreprise dont le siège est situé à Dallas conçoit, en plus du matériel à usage civil, des composants haut de gamme pour les industries de l'aérospatial et de la défense et est depuis longtemps à la pointe de l'électronique militaire. Ces composants se retrouvent dans une variété de systèmes de l'armée américaine, de l'électronique embarqué dans les avions aux systèmes de radars et de sonars en passant par les munitions intelligentes. Autant d'applications qui sont aujourd'hui imitées par les ingénieurs du Kremlin, puisque plus de cinquante types de composants Texas Instruments ont été découverts dans des systèmes russes similaires, notamment dans les drones kamikazes KUB-BLA, dans les drones Orlan-10, ou encore dans les radios utilisées par les soldats.

Les composants Texas Instruments sont également légion dans les missiles de croisière Iskander et dans les redoutables Kh-101, qui s'abattent aujourd'hui avec un acharnement proche de la folie sur les villes ukrainiennes qui manquent cruellement de munitions anti-aériennes. Alors que j'écris ces lignes, je viens de quitter la capitale ukrainienne et de rentrer en France, en sécurité, alors que la ville est en proie au chaos et à la tristesse causée par ces mêmes missiles. Pour ajouter au malheur des populations civiles, la principale usine d'électricité de Kyiv vient d'être touchée lors d'une série d'attaques russes contre les infrastructures énergétiques du pays qui a également endommagé une installation électrique. Selon les autorités ukrainiennes, plus de deux cent mille foyers ukrainiens sont désormais privés d'électricité.

7.

Le réseau Zimenkov

En plein centre de la tumultueuse Singapour, l'immeuble situé à deux pas du ministère du Développement national, au numéro vingt de la Peck Seah Street, est connu pour son emplacement historique. Il se dresse sur le lieu de sépulture des premiers colons chinois de la région, arrivés, si l'on en croit la légende, avant même Sir Stamford Raffles, le Britannique qui fonda la ville en 1819. L'immeuble de cinq étages, qui s'efface presque devant les gigantesques gratte-ciels qui l'entourent, est depuis 1929 le siège d'une des principales fédérations de migrants chinois issus de la minorité culturelle Hakka. Sur le papier, cette organisation a pour but de promouvoir la culture, la musique et la cuisine Hakka. Elle fait aussi du business. C'est d'ailleurs l'ancien président de cette organisation et entrepreneur Aw Boon Haw qui a créé et commercialisé le célèbre baume du tigre, qui soulage les douleurs musculaires et articulaires dans le monde entier.

Une toile planétaire

L'entrée dans le bâtiment se fait par la salle des banquets, richement décorée. C'est ici, sous les plafonds ornés et devant les portraits d'illustres Hakkas, qu'ont lieu les festivals, cours de cuisine, événements culturels et conférences organisés par la fédération. Les cinq étages sont quant à eux occupés par les bureaux de diverses sociétés de transport maritime, de services dédiés aux entreprises, d'audit, de conseil en gestion, ou encore de « commerce de marchandises en gros sans produit phare ». Une activité à l'appellation fourre-tout bien pratique, que prétend exercer l'entreprise Asia Trading and Construction. La directrice de l'entreprise, Serena Ng Bee Lin, a tout de la femme d'affaires moderne modèle. Cheveux courts, la soixantaine bien tassée, elle est répertoriée comme donatrice et sympathisante du Conseil des organisations de femmes de Singapour, un important réseau de coordination de groupes féministes locaux tout ce qu'il y a de plus honorable. Mais cette façade cache une tout autre réalité. La femme d'affaires et sa firme sont accusées par les États-Unis d'alimenter l'effort de guerre du Kremlin en Ukraine en servant de couverture à un réseau clandestin de vente d'armes lié à l'industrie militaire russe. Selon le service du Trésor américain chargé de la mise en place des sanctions envers les entreprises et les particuliers, Asia Trading and Construction et sa directrice ont œuvré à la mise en place d'un réseau permettant de contourner les sanctions internationales dans le but de vendre des hélicoptères de combat fabriqués en Russie à un gouvernement sud-américain. Le bénéficiaire de ces affaires n'est autre que le géant industriel public de défense russe Rostec, plus gros conglomérat d'armement d'Europe de l'Est et acteur majeur des conflits dans lesquels la Russie est engagée. Sous ses airs de cheffe d'entreprise modèle, Serena Ng Bee Lin participe au business russe de la mort et alimente le trésor de guerre de la clique de Vladimir Poutine.

À huit mille kilomètres de là, sur la côte israélienne qui borde la mer Méditerranée, la ville nouvelle de Césarée s'agite lentement sous le soleil plombant, au rythme des baigneurs et des amateurs de ruines antiques. Cette calme bourgade de la banlieue sud de Haïfa semble très loin du tumulte de Singapour, la ville qui ne dort jamais. De prime abord, le 7 rue Haeshel ne cache rien d'extraordinaire. C'est pourtant dans ce bâtiment de zone industrielle en tôle et en verre qui ressemble à des millions d'autres que se trouve un partenaire important de Madame Serena Ng Bee Lin. C'est depuis une entreprise domiciliée dans ces murs nommée Texel FCG Technology que la société Asia Trading and Construction a reçu d'importants transferts de fonds, selon les services du gouvernement ukrainien. La firme israélienne appartient à Mark Blats, un homme d'affaires letton lui aussi sanctionné par le trésor américain et le gouvernement ukrainien. Les transferts d'argent ne sont qu'une petite partie des activités communes de Serena Ng Bee Lin et Mark Blats. Tous deux font partie d'un vaste réseau mondial de sociétés écrans et d'intermédiaires sans visages conçu pour échapper aux sanctions et aux lois internationales dans le but de rendre possible le trafic d'armes et de composants militaires vers et depuis la Russie et ses alliés. Cette véritable mafia a été baptisée par les enquêteurs internationaux « réseau Zimenkov », du nom de son dirigeant présumé, Igor Vladimirovich Zimenkov, qui possède la triple nationalité russe, chypriote et israélienne, et de son fils Jonatan, lui aussi véritable collectionneur de passeports et détenteur des nationalités russe, israélienne, et italienne.

Singapour et Israël ne représentent qu'une infime partie de la toile des Zimenkov, qui s'étend grâce à des dizaines de collaborateurs jusqu'à Chypre, la Géorgie, la Biélorussie et la Lettonie. C'est d'ailleurs dans ce dernier pays que Mark Blats possède une autre société du réseau nommée Electro Optika. À travers cette firme basée à Riga, il est co-propriétaire de BSVT-NT, filiale spécialisée dans les nouvelles technologies du géant militaro-industriel public biélorusse BSVT qui produit avions de chasse, hélicoptères de combat, missiles, drones, véhicules blindés, fusils, munitions et autres matériels de guerre et machines de mort et de destruction. Igor Zimenkov avait d'ailleurs aussi assisté cette société nationale lors de ventes de matériel en Amérique latine. Mais le nid de vipères a un double fond. Un coup d'œil aux registres de BSVT-NT nous révèle que le letton Mark Blats partage la propriété de l'entreprise avec l'État biélorusse mais également avec une société nommée Sohra Overseas appartenant à Aleksander Zaïtsev, un des oligarques les plus importants de Biélorussie. Très impliqué dans le complexe militaro-industriel, ce dernier est considéré comme un important soutien de son président Alexander Loukachenko, lui-même fidèle soutien et ami de Vladimir Poutine. L'oligarque a également été consultant du fils Loukachenko, Viktor, du temps où celui-ci était membre du comité de sécurité de la République de Biélorussie et conseiller en matière de sécurité nationale auprès de son père. L'idylle continue en Ukraine : en plus de partager ensemble la tête de BSVT-NT, Aleksander Zaitsev et Mark Blats détiennent en copropriété l'entreprise Miltech-s, entreprise qui semble totalement inactive mais dont les statuts indiquent qu'elle est domiciliée sur le territoire ukrainien et est spécialisée dans l'armement et les munitions.

Circuits cachés

Retournons sous le soleil méditerranéen de Césarée. Un coup d'œil aux déclarations douanières russes dont je dispose nous apprend que Texel, l'entreprise bidon de Mark Blats, a permis à une entreprise russe d'importer à plusieurs reprises des composants militaires français, et pas des moindres. Il s'agit de capteurs thermiques PICO 640 Gen 2, soit les mêmes que le composant que j'avais observé dans la boule optique d'un drone russe Orlan-10 désossé par l'institut de recherche scientifique en expertise médico-légale du ministère de la Justice d'Ukraine. Selon les documents douaniers, des composants siglés Lynred sont partis de France puis ont transité à six reprises par Texel avant d'être réceptionnés par une société moscovite dénommée Unitek. Son adresse et son numéro d'identification fiscale permettent de la retrouver dans le registre des firmes ciblées par les demandes de sanctions de Kyiv. L'entreprise y est décrite comme étant « associée à la fourniture de composants électroniques pour les besoins du complexe militaro-industriel de la Fédération de Russie ». Le site du gouvernement ukrainien apporte cette précision : « Les produits de la société sont utilisés dans la fabrication d'armes et d'équipements militaires utilisés par les forces armées russes dans les hostilités menées contre l'Ukraine. » Peut-on imaginer que Lynred ne soit pas au courant de la destination finale des capteurs de sa conception ? Impossible d'en être tout à fait certain. Cependant, une rapide recherche dans les registres douaniers fait apparaître qu'Unitek est un client fidèle et historique de l'entreprise française. Entre le 11 août 2020 et le 14 juin 2022, soit avant que le déclenchement de l'« opération spéciale » du Kremlin ne force les entreprises à faire emprunter des routes plus exotiques à leurs marchandises, Unitek a réceptionné quarante-cinq cargaisons de composants Lynred, pour une somme approchant les quinze millions de dollars.

La première cargaison de composants Lynred à arriver en Russie après le début de la guerre est livrée le 2 mars 2022. Le bon de livraison indique qu'il s'agit de capteurs PICO 640 Gen 2, les mêmes que ceux retrouvés en Ukraine dans les drones Orlan-10. Selon les documents douaniers en ma possession, le matériel a été acheminé directement depuis le siège de Lynred à Palaiseau, en région parisienne, sans intermédiaire jusqu'à une société russe spécialisée dans l'imagerie infrarouge nommée Ieos. Pour cette transaction, laissons à Lynred le bénéfice du doute. En considérant les temps de livraison habituels entre la France et la Russie, il est possible que l'expédition d'une valeur de presque trente-trois mille dollars ait été ordonnée et lancée avant le début de l'invasion de l'Ukraine. Cependant, après le début de l'invasion, ce sont au total neuf cargaisons de technologies conçues et fabriquées par le numéro 2 mondial de l'imagerie thermique qui ont violé l'embargo entre le 2 mars 2022 et le 24 avril 2023, pour une valeur totale de deux millions et demi de dollars. Sept de ces livraisons contenaient des « composants semi-conducteurs photosensibles », la spécialité de Lynred.

Après plusieurs tentatives de contact infructueuses, Lynred a formellement démenti avoir livré des composants à Texel et matraque n'avoir « expédié aucun composant vers la Russie entre le 2 mars 2022 et le 24 avril 2023 », et encore « respecter strictement l'ensemble des réglementations en vigueur relatives au contrôle des exportations, aux sanctions et aux embargos applicables ».

Alors comment expliquer que le capteur se retrouve dans une machine de guerre russe ? La firme exprime n'avoir aucune connaissance des circonstances par lesquelles ce détecteur PICO 640, destiné lors de sa sortie des hangars français à un usage exclusivement civil, aurait pu se retrouver dans un drone militaire du Kremlin. « Une telle utilisation impliquerait nécessairement un détournement géographique et technique, en violation des engagements pris auprès de Lynred », assure l'entreprise. Cette explication peine à convaincre le responsable du plaidoyer « Armes » chez Amnesty international France. « Quand vous êtes un industriel, vous avez l'obligation de connaître votre client. Vous devez prendre toutes les mesures, toutes les garanties, pour que jamais il n'y ait de risques qui se présentent concernant une mauvaise utilisation ou un détournement des équipements », affirme Aymeric Elluin.

L'excuse de l'ignorance semble un peu légère, notamment au vu de la relative accessibilité des informations relatives au réseau Zimenkov et lorsque l'on connaît les clients militaires habituels et l'histoire de Lynred, née dans les années 1980 après l'association d'un laboratoire de pointe lié au Commissariat à l'énergie atomique avec Sagem et l'entreprise Thomson-CSF, noyautée par les services de renseignement russes depuis des décennies.

8.

Classe affaires

Je quitte l'Ukraine avec un goût amer en bouche alors que le pays est chaque jour la cible d'attaques plus meurtrières. Le manque de munitions anti-aériennes se fait plus que jamais ressentir et la situation s'est rapidement dégradée. Les villes ukrainiennes qui jouissaient d'une certaine normalité lors de mon arrivée sont aujourd'hui en proie aux flammes. Chaque jour, de nombreux rapports font état de nouvelles dévastations causées par le feu russe, sur les forces armées comme sur les civils ukrainiens. Dans le nord du pays, la cité de Tchernihiv vient d'être la cible d'une pluie de missiles sous laquelle s'est effondré un immeuble résidentiel de huit étages. La presse parle de dix-sept morts et soixante blessés. Les articles et les images continuent d'affluer. Elles viennent de Dnipro, ou encore d'Odessa, puis de Kharkiv, encore. Les mauvaises nouvelles pleuvent sans interruption. Tout ceci semble immensément éloigné de Paris, où tout le monde vaque à ses occupations sous un ciel vide de tout danger. Un immeuble blanc tout droit sorti des années 1970 se dresse à la limite sud-ouest de la ville, là où le pont du Garigliano enjambe la Seine et à deux pas du ministère des Armées. Le bâtiment, dont les lignes arrondies rappellent le fuselage d'un avion, héberge le siège de Safran.

Les composants fabriqués par l'entreprise Lynred retrouvés dans les drones russes m'ont mis la puce à l'oreille. L'entreprise iséroise est une filiale détenue à moitié par Thales, et à moitié par Safran. C'est donc instinctivement que je me suis penché sur les activités de ces deux fleurons de l'industrie hexagonale. Les deux groupes, essentiels au complexe militaro-industriel français et comptant tous deux l'État parmi leurs actionnaires assurent publiquement avoir cessé toute activité en Russie avec le début du conflit en Ukraine.

Rendez-vous chez Safran

Une recherche parmi la multitude de déclarations douanières russes dont je dispose fait apparaître qu'immédiatement après le début de la guerre, mille neuf cent vingt-six cargaisons de biens fabriqués par Safran ont été acheminées vers la Russie, entre le 24 février 2022 et le 28 juillet 2023, pour une valeur totale de 35 millions de dollars. Les clients figurent tous parmi les principaux acteurs de l'aéronautique russe. Qu'il s'agisse de compagnies aériennes ou de constructeurs, ils ont tous besoin du précieux matériel fabriqué en France pour construire, réparer et faire voler leurs avions et hélicoptères.

Dans la petite cabane abritant les services de sécurité du siège de Safran, un agent en uniforme me donne un badge me permettant d'entrer dans le bâtiment principal. Une fois le petit parc menant au complexe traversé, je m'annonce à la réception et m'installe dans un des fauteuils du hall d'entrée. La décoration a été pensée pour impressionner les visiteurs. Un grand réacteur et une élégante hélice en bois vernis affirment la supériorité de l'entreprise dans le domaine de l'aéronautique. Avec quatre-vingt-douze mille employés dans le monde entier et des filiales dans les moteurs d'avions, les hélicoptères, les fusées, l'électronique et une pléthore d'équipements relatifs à ces domaines, Safran est aussi un des leaders mondiaux de l'industrie militaire grâce à des programmes très variés, allant des jumelles utilisées par les soldats sur le terrain aux instruments de navigation de la marine, en passant par les parachutes, les moteurs d'avions de chasse, les drones tactiques, la protection balistique ou encore les missiles de haute technologie.

Le service communication de l'entreprise a tenu à me rencontrer pour répondre aux questions adressées par voie électronique. J'y demandais des explications sur la manière dont le matériel de leur fabrication se retrouvait entre les mains d'entreprises russes pour la plupart sanctionnées par plusieurs pays pour leur implication dans l'appareil militaire de Vladimir Poutine. La directrice des relations avec la presse vient me chercher et me guide à travers les couloirs de l'immense bâtiment. Les experts en relations publiques sont comme les commerciaux et les politiciens : des professionnels des apparences. Aucun sourire, aucun bon mot n'est de trop pour vous faire vous sentir à l'aise afin de vous faire baisser votre garde et vous laisser mener là où l'on veut que vous soyez, acheter ce que l'on veut que vous achetiez, ou gober ce que l'on veut que vous gobiez. Cette dame connaît bien son métier. Elle est bien plus enjouée et souriante que la situation ne l'exige et tente, comme pour détendre l'atmosphère, quelques remarques sur la décoration « ne faites pas attention, tout est un peu vieillot, c'est un immeuble qui a été construit dans les années 1970 ».

Dans un bureau, nous prenons place autour d'une table ronde. La cadre m'offre un verre d'eau alors que nous attendons, selon ses dires, le meilleur expert que l'entreprise ait à fournir sur la question russe. Comme elle, l'homme qui nous rejoint est plus avenant qu'il n'en faut. Il arbore un style élégant et décontracté, simple, sans cravate. Sa sympathie traduit son assurance et sa parfaite connaissance du dossier sur lequel je m'interroge. Il n'est autre que le directeur de la branche russe du groupe Safran et le président et directeur de l'entreprise franco-russe Powerjet, une filiale qui produit les moteurs d'un des avions de ligne du fabricant russe d'aéronefs militaires et civils Soukhoï, le SuperJet 100. L'entreprise est officiellement mise à l'arrêt depuis le 25 février 2022, au lendemain de l'invasion russe de l'Ukraine.

Dès le départ, l'homme d'affaires se veut rassurant : « Nous recherchons la même chose, vous et moi. » Il précise sa pensée : « Nous voulons savoir comment du matériel conçu par Safran se retrouve en Russie depuis l'invasion. » Il poursuit : « Nous avons organisé une cellule de crise à propos de la Russie dès le 24 février 2022, qui a été organisée suite aux mouvements de l'armée de Poutine près de la frontière ukrainienne. Le fait qu'elle ait eu lieu le premier jour de l'invasion est un hasard. »

L'homme affirme que Safran n'est pour rien dans les données que j'ai en ma possession. Il l'assure : « Safran a immédiatement décidé de tout arrêter. Le dernier convoi hebdomadaire de camions vers la Russie, qui contenait 2 ou 3 millions de dollars de matériels, a été stoppé. Les pièces en attente de dédouanement à la frontière ont été rapatriées. » La valeur de cette dernière cargaison a de quoi impressionner, mais elle ne représente en réalité qu'une goutte d'eau pour une compagnie qui a enregistré un chiffre d'affaires de 23,3 milliards d'euros en 2023.

Le chef de la branche russe du groupe et la directrice des relations avec la presse m'assurent, e-mails des services compétents à l'appui, avoir vérifié en interne l'existence ou non des cargaisons mentionnées dans la base de données issue des douanes russes que je leur ai fournie. Ils me le garantissent : pas une seule des importations que je leur ai montrées n'a été envoyée par Safran aux entreprises russes. De plus, les intermédiaires étrangers, en Serbie, en Turquie ou encore à Hong Kong que j'ai pu identifier ne figurent pas dans leur système. Si certains ont pu être des clients historiques de l'entreprise, on m'informe qu'à chaque fois, les ponts sont coupés, comme avec la compagnie aérienne Yakutia, dont on m'a présenté le courrier de cessation de collaboration qui leur a été envoyé le 9 mars 2022, soit deux semaines après l'invasion. Mon interlocuteur le martèle encore et encore : « Nous n'avons plus aucun flux avec la Russie. » Il ajoute : « La Russie ne représente que trois pour cent du chiffre d'affaires de Safran. On ne va pas risquer des poursuites pénales et des répercussions sur notre réputation qui aboutiraient à une chute de l'action pour si peu. » Il me dit en être persuadé, il ne peut exister qu'une raison expliquant l'existence des données que je lui ai soumises : les récentes livraisons de matériels Safran s'expliquent par des manœuvres de contournement des sanctions, notamment au travers du marché de la seconde main et sur lesquelles le groupe n'aurait aucun contrôle.

Par ailleurs, s'il affirme que l'entreprise a tout arrêté dès le lendemain de l'invasion russe à grande échelle de 2022, il se garde bien de préciser que les échanges entre son groupe et la Russie, dont les équipements et véhicules militaires sont bourrés de matériel Safran depuis des décennies, avaient bel et bien continué après le début de la guerre en Ukraine en 2014 et l'invasion d'une partie du Donbass et de la Crimée. Un conflit qui avait donné lieu, déjà à l'époque, à un embargo interdisant toute exportation des biens à double usage s'ils étaient « destinés entièrement, ou en partie, à un usage militaire, ou à un utilisateur final militaire ». Safran n'avait pas l'air de s'être soucié outre mesure de cette nouvelle réglementation, puisque l'entreprise aurait continué à envoyer du matériel militaire au complexe militaro-industriel russe, comme le révélait un rapport de l'Observatoire des Armements publié en juin 2023. Parmi ces matériels, les moteurs des hélicoptères Kamov Ka-62 et Ka-226 qui, s'ils disposent de quelques applications civiles, sont surtout conçus pour des usages militaires, mais aussi des télémètres balistiques permettant de mesurer sur le terrain la distance d'une cible ou encore de quoi rénover les systèmes de navigation et de visée des hélicoptères de combat Kamov Ka-52. Le média d'investigation *Disclose* est également à l'origine des révélations selon lesquelles Safran avait continué à livrer et à effectuer la maintenance des systèmes de navigation (code Sigma 95N) sur plusieurs versions d'avions de chasse. Même en accordant au groupe toute la bonne foi du monde à propos de l'arrêt de ses affaires directes avec la Russie depuis 2022, Safran n'en reste pas moins guidé par l'éthique et la morale toutes particulières des vendeurs d'armes.

Je profite du privilège d'avoir un interlocuteur direct pour évoquer le cas de Lynred. Safran est actionnaire de la moitié de l'entreprise qui permet aux drones Orlan-10 russes de voir et de repérer des cibles sur le terrain. Je lui raconte l'histoire des composants retrouvés dans les épaves des engins volants en Ukraine et lui demande des détails sur la manière dont Safran exerce un droit de regard et un contrôle sur la société qu'elle détient à moitié. Là encore, la réponse floue que je reçois me laisse sur ma faim : « Lorsque vous avez un actionnariat à 50/50, vous être obligé d'avoir le feu vert des deux actionnaires, car aucun n'est majoritaire à proprement parler. Les fonctions au sein de l'entreprise se répartissent à égalité entre les actionnaires. Si l'un a le poste de président, alors l'autre a généralement le commerce et les finances, de façon à créer des contre-pouvoirs. C'est très lourd à gérer au quotidien, et souvent paralysant pour l'entreprise lorsqu'il y a des divergences de vues stratégiques. L'absence de réponse dans le cas présent, et de ce que j'ai pu en voir indirectement, traduit un non-alignement entre les actionnaires. » Cette réponse qui semble compliquée mais qui ne dit finalement pas grand-chose me donne l'impression qu'ils ont peut-être encore moins de réponses que moi à mes interrogations.

Je repars de chez Safran avec autant de questions que j'en avais en arrivant. Au moins, contrairement aux autres entreprises concernées par cette enquête et que j'ai contactées pour obtenir des réponses, j'ai pu avoir une discussion réelle, en face-à-face, là où j'avais d'habitude dû me contenter de communiqués aseptisés envoyés par courrier électronique.

Thales et les avionneurs russes

C'était de cette manière que m'avait répondu Thales, l'autre géant de l'aéronautique et de la défense français, qui partage avec Safran l'autre moitié de Lynred. « Le groupe s'est toujours conformé strictement aux réglementations internationales et n'a signé aucun contrat avec la Russie dans le domaine de la défense depuis les mesures de l'embargo européen prises en 2014. » C'est avec cette déclaration toute faite que le service communication de l'entreprise, dont le matériel de défense représente 60 % des activités, m'avait répondu. Les drones, systèmes navals, missiles, véhicules blindés, radars, moyens de défense anti-aérienne et autres fusils d'assaut produits par les différentes filiales de la firme française sont utilisés par des forces armées dans le monde entier.

Toujours d'après les documents tirés des déclarations douanières russes, des composants fabriqués par l'entreprise ont pourtant été livrés en Russie après le début de l'invasion. Les livraisons de matériels Thales ont au départ subi l'agression de février de plein fouet et leurs montants ont chuté immédiatement, passant de 12,1 millions et 10,8 millions de dollars en janvier et février 2022 à 1,8 million en mars 2022. Presque dix fois moins, mais une broutille comparé au chiffre d'affaires de plus de 18 milliards d'euros généré par le groupe en 2023. Les flux ont cependant repris dans les mois qui ont suivi. En novembre 2022, ils atteignent d'ailleurs à nouveau les montants enregistrés avant l'invasion en dépassant les 11 millions de dollars. Au total, entre l'invasion du 24 février 2022 et le 29 juillet 2023, pas moins de mille deux cent vingt-deux cargaisons de matériels fabriqués par Thales ont été importées sur le sol russe, pour un total de 82,9 millions de dollars.

Certains importateurs russes reviennent très régulièrement dans les documents douaniers. C'est le cas d'Itelma, le leader russe de la production de systèmes électroniques destinés à l'industrie automobile, qui adore les produits français puisqu'il s'agit aussi, souvenez-vous, du principal importateur de produits STMicroelectronics. Cette entreprise figure sur la liste des sanctions mises en place par le gouvernement ukrainien contre le complexe militaro-industriel russe. Kyiv précise qu'Itelma « fabrique, fournit, répare et entretient des produits militaires qui ont été utilisés par la Russie lors de l'invasion illégale de l'Ukraine en 2022 » et ajoute que « les armes modernes de la Fédération de Russie dépendent fortement des importations » effectuées par la firme. C'est ainsi qu'entre le 25 mai 2022 et le 31 mars 2023, dix lots de matériels estampillés Thales ont été réceptionnés par Itelma, pour une somme de plus d'un million de dollars. Ces dix cargaisons proviennent de la filiale allemande du géant français de la défense, de l'aérospatiale et de la sécurité, et huit d'entre elles ont transité par une entreprise chinoise nommée Grant Promotion Service avant de parvenir au client final.

Dans son e-mail, Thales ne réfute pas l'existence de ces transactions, mais dément en être à l'origine. « Itelma est une ancienne société cliente de Thales Identité et Sécurité Numériques. Cette société a été placée sur la liste des entités sanctionnées du Trésor américain le 14 septembre 2023 », assure le fabricant français dans son e-mail, qui précise avoir effectué une dernière livraison le 18 janvier 2022 pour un montant de 15 054 euros.

La direction est formelle : « Thales n'a accepté aucune nouvelle commande de la part d'Itelma depuis l'entrée en vigueur des sanctions américaines et européennes et n'entretient plus aucune relation commerciale avec cette société. » Cette position officielle bien pratique, similaire à celles des autres entreprises dont les composants sont retrouvés dans les armes et équipements employés par l'armée russe en Ukraine, dédouane les fabricants. Rien n'est de leur faute, la culpabilité revient à Moscou et aux sociétés écrans de ses partenaires internationaux, qui lui permettent de contourner les sanctions internationales.

Le matériel destiné à un potentiel usage militaire n'est pas celui qui apparaît le plus dans les dossiers douaniers concernant Thales. La majorité des cargaisons n'arrivent d'ailleurs pas chez des grossistes ou des importateurs d'électronique, comme c'est le cas pour nombre d'autres fabricants occidentaux, mais chez des compagnies aériennes russes. Il en va de même pour Safran. Après tout, les deux entreprises sont des géants de l'aéronautique et le matériel et les composants qu'ils fabriquent équipent les aéronefs du monde entier, qu'ils soient militaires ou civils. En Russie, les compagnies aériennes sont quasiment toutes sanctionnées. Aeroflot, Ural Airlines, S7 Airlines (anciennement Siberia), I-Fly ou encore Yamal sont dans le viseur des autorités ukrainiennes qui les accusent d'« opérer dans des secteurs d'importance stratégique pour le gouvernement russe et de fournir un soutien matériel important (transport, logistique et autres) à des actions qui sapent ou menacent l'intégrité territoriale, la souveraineté et l'indépendance de l'Ukraine ». S7, Ural et Rossiya Airlines figurent aussi sur la liste des sanctions américaines, tandis que la mondialement connue Aeroflot est sous sanction au Royaume-Uni depuis mai 2022. Une décision qui a pour but de « l'empêcher d'encaisser des créneaux d'atterrissage dans les principaux aéroports britanniques, d'une valeur pouvant atteindre 50 millions de livres sterling », selon le secrétariat d'État aux Affaires étrangères britannique. Interdites dans les aéroports occidentaux, ces compagnies aériennes ont vu leurs horizons se restreindre drastiquement et se contentent de quelques destinations parmi les pays non-alignés ou alliés de la Russie. Toujours est-il que leurs avions volent, et que ces avions ont besoin d'être entretenus, réparés, et équipés de pièces détachées. Si elles veulent continuer à voler dans le peu d'espace aérien qui leur est encore accessible, les compagnies sont obligées d'acquérir, d'une manière ou d'une autre, ces précieux composants que la Russie est incapable de produire. Ainsi, malgré les sanctions et les embargos, elles continuent de recevoir l'équivalent de millions de dollars de matériels siglés Safran et Thales.

Prenons l'exemple d'I-Fly. Privée d'une grande partie de ses vols internationaux, notamment vers l'Europe de l'Ouest, l'entreprise a, selon le Conseil national de sécurité et de défense ukrainien, vu ses avions et ses employés mobilisés pour transférer le personnel militaire russe d'un endroit à l'autre de l'immense pays afin de permettre leur participation à la guerre contre l'Ukraine. De quoi largement motiver la décision de Kyiv qui a placé la compagnie créée en 2009 et dont le siège est situé à Moscou sous un régime de sanctions comme beaucoup d'autres ayant fourni une aide logistique précieuse à l'invasion. Malgré les mesures mises en place, I-Fly continue de recevoir des cargaisons de matériels fabriqués dans les usines des deux ogres industriels français. Entre le 17 juin 2022 et le 10 mars 2023, la compagnie aérienne a été destinataire de quarante-sept envois de composants aéronautiques sortis des usines Thales. Des marchandises dont la valeur totale avoisine les huit cent mille dollars. La firme fait aussi ses courses chez le concurrent, puisqu'en l'espace d'un an, du

1er mars 2022 au 29 mars 2023, quinze cargaisons de matériel Safran lui ont été remises, pour plus de 330 000 dollars.

Ces compagnies, bien que toutes impliquées plus ou moins directement dans l'effort de guerre du Kremlin, font partie du domaine civil. Ce qui n'est pas le cas du constructeur Soukhoï. Bien connu des aficionados d'aviation militaire pour être à l'origine d'avions parmi les plus cultes de l'histoire, emblématique depuis la Seconde Guerre mondiale et définitivement installé dans le paysage militaire mondial depuis la guerre froide, l'industriel conçoit et construit notamment les avions de chasse SU-25, SU-30, SU-34 et SU-57, tous déployés par l'armée de l'air russe dans le ciel ukrainien. Les différentes entités internationales en charge de la mise en place des sanctions n'ont pas eu besoin de réfléchir longtemps pour décider de sanctionner l'entreprise et de la soumettre à tous les embargos imaginables, branche civile incluse. Le Conseil de l'Union européenne a été très clair à ce sujet dès le 3 juin 2022, accusant l'entreprise d'avoir soutenu matériellement comme financièrement l'agression russe et déclarant que « les forces armées de la Fédération de Russie ont utilisé des avions de combat fabriqués par Soukhoï lors de l'agression militaire non provoquée et injustifiée de la Russie contre l'Ukraine ».

Toutes les cas exposés dans cet ouvrage se ressemblant, on peut se douter de la suite. Malgré toutes les mesures prises contre elle, la division civile de Soukhoï a réceptionné 10 livraisons de composants Thales d'une valeur totale de 1,1 million de dollars entre le 12 juillet et le 8 septembre 2022, soit cinq mois après l'entrée de la force d'invasion russe sur le territoire ukrainien. Selon les déclarations douanières d'importation établies le 12 juillet 2022, ces cargaisons ont été envoyées sans société écran intermédiaire ni pays tiers, directement depuis un site de Thales situé à Mérignac, en Gironde, au 75 Avenue Marcel Dassault. Ça ne s'invente pas.

Là encore, le duo de choc de l'industrie militaire et aéronautique française s'illustre, puisque Soukhoï équipe également ses avions de composants Safran. Le 12 juillet et le 19 août 2022, l'avionneur a cette fois-ci rempli quarante déclarations douanières correspondant à un demi-million de dollars de matériels fabriqués par le géant français. Plusieurs autres livraisons sont quant à elles adressées à une société nommée Rapart. Cette filiale de la holding OAK qui détient l'intégralité de la production d'avions civils et surtout militaires russes, distribue aux compagnies aériennes les pièces détachées (hors moteur) du Soukhoï SuperJet 100, un avion civil de transport régional d'une centaine de places. Il va sans dire que Rapart est sur les listes des entreprises sanctionnées établies par plusieurs gouvernements, dont l'Ukraine, le Canada, la Nouvelle-Zélande, et les États-Unis.

Cela tombe à merveille, puisque mon expert des affaires russes au sein de l'entreprise au nom épicé est également président-directeur général de PowerJet, la société franco-russe détenue à 50 % par Safran qui fabrique les moteurs de ces mêmes Soukhoï SuperJet. « Je connais bien la société Rapart. Il s'agit d'une structure qui a été créée il y a trois ans environ par Irkut Corporation afin de gérer l'ensemble des pièces détachées du Soukhoï SuperJet 100, hors pièces de moteurs. Effectivement, les compagnies aériennes russes passaient par Rapart qui servait de plateforme de distribution. Rapart pouvait passer des commandes importantes grâce à des subventions de l'État russe », se souvient le cadre. « Les dernières livraisons de l'entreprise, de mémoire, sont intervenues en janvier 2022. Ce qui est certain, c'est que concernant l'ensemble des flux Safran vers la

Russie à partir du 24 février 2022, aucune livraison de pièces n'a eu lieu. » Il précise avoir également bloqué les livraisons de Safran vers deux autres pays qui font également voler l'appareil fabriqué par Soukhoï : le Kazakhstan et la Thaïlande. « Le risque étant une fuite vers la Russie, nous avons eu des demandes auxquelles nous n'avons pas donné suite », détaille-t-il.

De son côté, la direction de Thales a répondu comme à son habitude par un e-mail compilant une fois de plus des phrases toutes faites. « Dans le domaine de l'avionique civile, Thales a suspendu toutes ses activités et liens commerciaux avec la Russie depuis le 24 février 2022. Le groupe n'a procédé à aucune exportation de matériels destinés à des sociétés russes quelles qu'elles soient après cette date. Toute information laissant penser le contraire est mensongère. Thales n'a aucune trace d'exportation directe ou indirecte de matériels aéronautiques vers la Russie après le 24 février 2022 et conserve dans ses locaux les matériels qui devaient initialement être livrés à la Russie. »

À force de recevoir des réponses du genre, je pourrais créer un bingo des éléments de langage des industriels, à base de « nous ne sommes pas au courant », « nous mettons tout en œuvre pour » ou encore « nous ne voyons pas comment ».

Chemins détournés

À force d'être martelé, le message peut finir par devenir convaincant. Mais alors, comment expliquer que des cargaisons de matériels aéronautiques fabriqués par Safran et Thales continuent d'arriver en Russie alors même que l'Union européenne et la France n'ont de cesse d'actualiser et de renforcer les sanctions contre l'industrie russe dans le but annoncé d'« enrayer davantage la machine de guerre de Poutine » ? Un industriel français spécialiste de l'aéronautique proche du dossier a semble-t-il des éléments de réponse. Tenant à garder l'anonymat pour ne pas mettre en danger sa place et le grand groupe dans lequel il travaille, il me confie que les compagnies aériennes russes auraient fait appel à des ingénieurs en aéronautique iraniens habitués à travailler malgré les sanctions et les embargos internationaux. Une habitude qui n'est pas sans rappeler celle de la Russie concernant les composants électroniques et autres technologies retrouvées dans son armement. Cette aide précieuse s'inscrirait dans le partenariat entre l'Iran et le Kremlin, auquel la République islamique fournit des drones kamikazes Shahed dévastateurs. Téhéran a par la suite envoyé du matériel afin de créer une usine permettant aux Russes de fabriquer eux-mêmes ces terribles engins. Très à l'aise avec ce genre de pratiques depuis des dizaines d'années, les Russes ont semble-t-il très vite appris à contourner les sanctions sur les pièces d'avions civils en se tournant vers des pays non-alignés qui n'appliquent pas les mêmes mesures que les États-Unis ou l'Union européenne. Cette explication trouve un écho dans mes documents douaniers, lesquels démontrent que la grande majorité des cargaisons de pièces Safran et Thales livrées en Russie depuis le début de l'invasion de 2022 transitent par des pays comme la Thaïlande, la Chine, la Serbie, la Turquie, ou encore Dubaï. Ma source évoque également ce type de contournement au sujet des pièces de Soukhoï SuperJet : « Ce que je soupçonne, c'est le démantèlement des SSJ basés au Mexique, suite à la faillite de la compagnie mexicaine Interjet qui exploitait vingt-deux de ces avions. Un schéma via les Émirats arabes unis est possible. »

Malgré l'existence de ces contournements des sanctions, les belles déclarations savamment rédigées par les talentueux employés des bureaux de communication des entreprises ou par des cabinets de conseil divers et variés ne suffisent pas à effacer complètement la responsabilité des marchands d'armes. Nonobstant l'image candide fabriquée par leurs conseillers en communication, ces entreprises sont bel et bien responsables. Et pas seulement juridiquement. Cette responsabilité est aussi politique et morale.

« Une famille tentait de s'échapper, elle a été tuée par des assassins russes. Tuée, comme c'est maintenant prouvé, avec des armes françaises vendues en contournement des sanctions en 2015 », avait commenté Mikhaïlo Podolyak, un conseiller du président ukrainien Volodymyr Zelensky, sur les réseaux sociaux. Ce journaliste devenu homme politique s'appuyait sur les images du soldat ukrainien Pavlo Kachthouk, qui avait posté sur son blog les images d'une caméra thermique dans un blindé russe conçue par Thales et fabriquée sous licence en Russie. Le véhicule avait été capturé près de Boutcha, bourgade de trente-sept mille habitants située à seulement trente kilomètres au nord-ouest de Kyiv, rendue tristement célèbre par les crimes de guerre qui y ont été commis. Entre la prise de la ville par les troupes russes le 5 mars 2022 et sa reprise par l'Ukraine, le 31 mars, des centaines de civils, incluant des enfants, y ont été exécutés par le 234e régiment de parachutistes de l'armée russe. Interrogé à l'époque par la presse, le groupe Thales avait là encore répété son discours bien rodé, assurant qu'il n'était responsable de rien.

Pour Thales, tout va bien. Le géant industriel ne s'inquiète pas outre mesure de son image publique. Après tout, la guerre et la mort font partie de son business depuis toujours et les chiffres sont au beau fixe : le groupe affiche une hausse de son chiffre d'affaires de 8,5 % en 2022. En avril 2023, il a annoncé la livraison de radars à l'armée ukrainienne et en août de l'année précédente sa filiale australienne ACAR avait envoyé quelques exemplaires de ses fusils-mitrailleurs dernière génération aux défenseurs ukrainiens. La fourniture discrète de cet échantillon représente une opportunité en or pour Thales de faire tester ce nouvel équipement sur le terrain et d'en faire la publicité. À Belfast, le groupe fait revivre sa vieille usine de missiles pour permettre aux combattants de Kyiv de contrer les blindés russes grâce à des munitions qui semblaient dépassées mais qui se retrouvent aujourd'hui à l'avant-garde des combats en Ukraine.

La situation est la même du côté de Safran. Dans l'en-tête de leur édito d'avril 2023, le président du conseil d'administration Ross McInnes et le directeur général Olivier Andriès rassuraient leurs « chers actionnaires » : « La performance économique de Safran en 2022 a été remarquable », écrivaient-ils, avant de continuer de se flatter : « Grâce à l'engagement de nos salariés, à l'attention portée à l'excellence opérationnelle au service de nos clients, Safran a enregistré une solide croissance de son chiffre d'affaires et de sa profitabilité et a généré une trésorerie dépassant nos attentes. » Ils concluaient en tentant de toucher la corde sensible de leurs partenaires : « Ces performances ont été obtenues en dépit d'un environnement opérationnel difficile avec la guerre en Ukraine. » On plaindrait presque ce mastodonte mondial du complexe militaro-industriel d'avoir à faire des ajustements en fonction des conflits en cours, lui qui vient recevoir de la France la commande de cinq cents missiles AASM (Armement Air-Sol Modulaire) à destination de l'armée de l'air ukrainienne, pour un coût unitaire de 167 300 euros. Une aubaine.

9.

Suivez l'argent

La guerre coûte de l'argent. Énormément d'argent. Pour continuer d'acheter des armes et du matériel à l'étranger, de fournir les troupes en carburant, en munitions et en nourriture, de remplacer les centaines de chars détruits, de fabriquer des missiles et des drones et de se fournir en précieuses matières premières et en composants, la Russie a besoin de liquidités. Les sanctions économiques mises en place dans le monde entier, les embargos et le gel des avoirs des oligarques à l'étranger n'aident pas les banquiers du Kremlin. Seulement un an et demi après le début de l'invasion de l'Ukraine, Richard Connolly, spécialiste du Royal United Services Institute for Defence and Security Studies, estimait à plus de quatre-vingt-quatorze milliards d'euros les dépenses militaires de la Russie, engloutissant ainsi 4 % du produit intérieur brut de l'immense pays. L'analyste du German Institute for International and Security Affairs Janis Kluge estimait quant à lui ces dépenses totales à plus de 275 milliards d'euros, soit plus de 12 % du PIB de la Russie. Le régime de Vladimir Poutine peut pourtant compter sur de nombreux alliés étrangers pour éviter la banqueroute, continuer à faire tourner son complexe militaro-industriel et poursuivre son invasion de l'Ukraine.

Les réseaux de la Chambre de commerce et d'industrie franco-russe

Emmanuel Quidet est un de ces soutiens indéfectibles précieux pour le régime russe. Le 25 février 2022, jour de l'annonce de la mise en place par la France de sanctions économiques sévères contre la Russie faisant suite à l'invasion de l'Ukraine, l'homme d'affaires aux cheveux blancs et lunettes rectangulaires déboule dans le quartier central historique moscovite de Yakimanka, à deux pas du célèbre parc Gorki qui longe la Moskova. Installé dans le pays depuis une trentaine d'années, fondateur et à l'époque président de la Chambre de commerce et d'industrie franco-russe, il est une personnalité connue et très influente dans le milieu des Français de Russie. Il connaît bien la façade richement décorée de céramiques colorées, de briques rouges et de pierres sculptées comme de la dentelle du somptueux palais Igoumnov, situé au numéro 43 de la rue Yakimanka, puisqu'il s'agit de la résidence de l'ambassadeur de France. C'est dans le bâtiment plus récent situé juste à côté, au numéro 45, qu'est située l'ambassade, dans laquelle s'engouffre le businessman. Furieux, il pénètre dans le bureau de l'ambassadeur Pierre Lévy pour lui exprimer son indignation et son désaccord face à la mise en place des sanctions contre le régime du Kremlin. Le diplomate est incrédule.

Le chef de l'association qui promeut et facilite les échanges économiques entre la France et la Russie n'en est pourtant pas à son coup d'essai. « En 2014, nous avions été choqués de la manière dont la Chambre de commerce et d'industrie franco-russe s'était comportée en condamnant publiquement la politique de sanctions de la France à l'égard de la Russie. Elle nous tirait dans le dos », confiait en mars 2024 un responsable du quai d'Orsay au journaliste Antoine Izambard pour un article dans le magazine *Challenges*, évoquant le premier volet de sanctions mises en place par la France après l'annexion de la Crimée et de l'est de l'Ukraine par la Russie. Le 28 janvier 2016, en sortant d'une réunion avec de nombreux élus et représentants du gouvernement français,

Emmanuel Quidet signait sa seule et unique participation au site internet du club de discussion Valdaï, un laboratoire d'idées pro-Kremlin se réunissant une fois par an, installé à Moscou en 2004 à l'initiative de Vladimir Poutine dans le but de diffuser la propagande du régime sous couvert de faire débattre des experts du monde russe. « À ce jour, nous ne voyons aucune raison de ne pas lever ces sanctions à un moment ou à un autre », écrivait le président de la Chambre de commerce et d'industrie franco-russe d'alors, estimant que « cela améliorerait les relations économiques entre la France et la Russie, qui se renforcent », expliquant que la raison de la récession observée à l'époque n'était « pas la crise économique, mais les sanctions ». « Il serait préférable que les relations économiques reviennent à leur niveau d'avant la crise », martelait-il.

Si la Chambre de commerce et d'industrie franco-russe se permet des attitudes et suggestions à rebours des positions officielles de Paris, c'est que son immense influence sur les échanges entre les entreprises et les institutions françaises et russes le lui permet. Ce pouvoir, elle le doit à l'importance des entreprises hexagonales en Russie. Premier employeur étranger en Russie, la France est représentée dans le pays par mille deux cents entreprises embauchant au total deux cent mille salariés. Plus intéressant encore, pour le Kremlin comme pour l'Élysée, trente-cinq des géants du CAC 40 sont présents sur le sol russe. L'association, dont la mission première est de faire du lobbying auprès de l'administration russe pour faciliter l'installation des entreprises françaises, est forte de trois cents membres qui payent, en échange de leur droit à participer à ce grand jeu d'influences, une cotisation de cinquante mille euros par an. Parmi eux, Renault, Auchan, ou encore Total. À la tête de ce géant des hydrocarbures, qui n'est autre que la première entreprise française en matière de chiffre d'affaires, le magnat Patrick Pouyanné. Ce dernier a été, jusqu'en avril 2022, le co-président du conseil économique de la Chambre.

Les activités troubles du groupe Total

Patrick Pouyanné partageait la présidence de ce conseil économique avec celui qui en est aujourd'hui le seul chef, le célèbre oligarque russe Guennadi Timtchenko. Ce dernier est le sponsor et financier de la Chambre de commerce, ainsi que le cofondateur du groupe pétrolier basé en Suisse Gunvor, le propriétaire du groupe d'investissement privé Volga et il est surtout un ami proche de Vladimir Poutine. C'est en partie grâce aux réunions annuelles qu'elle organise avec ce dernier que la Chambre de commerce et d'industrie franco-russe bénéficie d'un tel rayonnement. C'est d'ailleurs avec son ami Guennadi Timtchenko, qui figure aujourd'hui sur la liste des sanctions européennes et américaines, qu'Emmanuel Quidet avait organisé un dîner en mars 2021 avec l'ancien Premier ministre français François Fillon lorsque celui-ci cherchait à se refaire dans le tranquille conseil d'administration d'une grande société russe, loin du fracas de la vie politique française et des affaires juridiques dans lesquelles sa femme Pénélope et lui trempaient.

Prolifique réseauteur, Quidet est aussi membre de la Fondation pour le développement des initiatives historiques franco-russes. Sous couvert de monter « de grands projets historiques et culturels afin de ne pas oublier l'histoire commune » des deux pays, l'organisation est un véritable club de politiciens, patrons, lobbyistes et autres personnes d'influence ayant à cœur de « consolider les relations franco-russes », tant qu'elles profitent à la Russie de Vladimir Poutine. À la tête de la fondation, le très sulfureux Pierre Malinovski, ancien assistant parlementaire spécialisé dans les relations avec la Russie du très russophile taulier de l'extrême droite française Jean-Marie Le Pen. Ancien militaire, il est un protagoniste de l'affaire dite « Air Cocaïne » ayant fait partie de l'équipe qui a exfiltré en 2015 deux pilotes français arrêtés en possession de 700 kilos de cocaïne en République dominicaine. Il était également présent à l'investiture de Poutine en mai 2018, ce dernier lui ayant octroyé par décret la nationalité russe en juillet 2022. Aux commandes de la fondation avec Malinovski, Elizaveta Peskova, la fille de Dmitri Peskov, secrétaire de presse et porte-parole de Vladimir Poutine. Emmanuel Quidet sait s'entourer des gens qui comptent.

Revenons sur les liens entre la Chambre de commerce et d'industrie franco-russe et son fondateur et le géant français de l'énergie Total. Aujourd'hui, le secteur de l'énergie est un des principaux moyens dont dispose l'État russe pour faire rentrer de l'argent dans des caisses vidées par l'effort de guerre. Si l'Union européenne a décidé de mettre en place de nouvelles sanctions sur le charbon et le pétrole après le terrible massacre de Boutcha et si de très grandes sociétés comme la britannique BP, l'italienne ENI ou l'américaine ExxonMobil ont toutes annoncé se retirer de Russie, Total a fait le choix d'y rester. Les raisons éthiques mises à part, le géant français n'a pas intérêt à quitter le pays, où il a de très gros intérêts, notamment avec son projet de liquéfaction de gaz dans la péninsule de Yamal, en Sibérie occidentale. En dépit la guerre en Ukraine et malgré ses nombreuses annonces officielles concernant la réduction de ses activités en Russie, TotalEnergies détient toujours 20 % de l'usine de liquéfaction du gaz Yamal LNG et 10 % de l'usine Arctic LNG 2, actuellement en construction dans l'Arctique russe. La société reste aussi actionnaire à 19,4 % de l'entreprise Novatek, le numéro deux du gaz russe, dont elle partage les parts avec Gazprom, l'immense groupe gazier d'État russe. Mais le principal actionnaire de Novatek, devant Total et Gazprom, n'est autre que Guennadi Timtchenko, qui avait démissionné du conseil d'administration du groupe le 21 mars 2022 suite à la mise en place de sanctions internationales à son encontre, sans pour autant faire une croix sur ses parts. L'ex-directeur financier de Total, Robert Castaigne, figurant aussi jusqu'alors parmi les administrateurs de la firme, avait également donné sa démission de ce conseil quelques jours plus tard pour éviter la catastrophe réputationnelle. Dans la foulée, un autre Français bien connu, déjà actionnaire de l'entreprise, faisait son entrée au sein de ce même conseil : l'affairiste Emmanuel Quidet.

Certains observateurs prompts à tirer des conclusions hâtives pourraient facilement imaginer qu'au vu de son histoire commune avec ses amis cadres dirigeants de Total au sein de la Chambre de commerce et d'industrie, cette nomination soit destinée à représenter les intérêts du groupe français auprès de son partenaire russe. Interrogé sur la chaîne de télévision BFM Business pour évoquer l'effet des sanctions internationales sur l'économie russe le 1er mars 2022, soit quelques semaines avant cette élection, Emmanuel Quidet assurait ne pas savoir ce que prévoyait Total en Russie. Le fondateur et ancien président de la Chambre de commerce et d'industrie franco-russe, dont le conseil économique était présidé à la fois par le P.-D.G. de Total et par le principal propriétaire de Novatek, en savait vraisemblablement bien plus que ce qu'il prétendait. Mais en temps de guerre, Quidet a l'intelligence de ne pas faire la publicité de sa participation aux activités des entreprises qui financent directement le régime de Poutine. Ses tentatives d'influencer la politique française sur les sanctions relatives à l'énergie russe, son implication dans le renforcement des entreprises françaises essentielles à l'économie russe, son relais systématique des éléments de langage de Moscou et son engagement dans l'extraction du gaz sibérien ont été récompensés par l'octroi de la nationalité russe via un décret signé de la main de Vladimir Poutine en personne au mois de septembre 2022, six mois après l'invasion à grande échelle de l'Ukraine.

Malgré ses discours justifiant sa présence en Russie, Total n'est pas uniquement présent dans l'immense pays pour y exploiter des champs gaziers et exporter du gaz naturel vers l'Europe. L'entreprise française y détient, avec Novatek, l'entreprise Terneftegaz qui exploite un gisement d'où sont extraits des condensats de gaz. Cet hydrocarbure liquide particulier est alors transformé en kérosène et sert à ravitailler les avions de combat russes engagés dans l'invasion de l'Ukraine. Dans une enquête basée sur les informations compilées par l'organisation non gouvernementale Global Witness et obtenues auprès de la base de données financières Refinitiv, détenue par la Bourse de Londres, le quotidien français *Le Monde* a remonté la chaîne d'approvisionnement de ce précieux carburant depuis sa source, le gisement de gaz de Termokarstovoïe en Sibérie, jusqu'aux deux bases aériennes militaires de Morozovskaïa et Malchevo, abritant chacune un escadron d'avions de combat. Ce sont ces mêmes escadrons qui sont accusés par les ONG Amnesty International et Human

Rights Watch d'avoir frappé la population civile ukrainienne, notamment lors du bombardement du Théâtre de Marioupol du 16 mars 2022 qui aurait causé la mort d'environ six cents personnes. Amnesty International avait qualifié cette frappe de « crime de guerre avéré ».

« Le partenariat entre TotalEnergies et Novatek a permis à la Russie d'accéder à des technologies et à des services d'ingénierie essentiels, nécessaires à sa stratégie d'expansion des exportations d'énergie. À l'instar du gazoduc Nord Stream 2, les projets Yamal LNG et Arctic LNG 2 ont été utilisés par la Russie pour diversifier ses voies d'approvisionnement en gaz vers l'Europe, en créant des voies de contournement du système de transport de gaz de l'Ukraine », déclarait Oleh Savytskyi, membre fondateur et conseiller stratégique de l'association Razom We Stand, dans un communiqué. « En disposant d'autres voies d'approvisionnement en gaz, Vladimir Poutine s'est délié les mains pour mener une guerre sanglante en Ukraine. Lorsqu'il a lancé une invasion à grande échelle, il pensait avoir le contrôle total de l'approvisionnement en gaz de l'Europe. Les coentreprises franco-russes ont contribué à la capacité de la Russie à mener une guerre d'agression contre l'Ukraine souveraine, créant un bain de sang sans précédent en Europe depuis la Seconde Guerre mondiale », avait-il ajouté, évoquant le réseau international dont dispose la Russie pour exporter son gaz naturel dans le monde entier. Dire que Total est essentiel à l'industrie et à l'économie russe est un euphémisme.

10.

Plein gaz

20 juillet 2023. Vladimir Poutine est de bonne humeur. Le président russe est en visite officielle à Mourmansk, capitale de l'oblast du même nom et plus grande ville du monde au nord du cercle arctique. Situé à mille cinq cents kilomètres au nord de la capitale russe et bénéficiant d'une position géographique privilégiée, l'immense port industriel est très important pour le business russe de l'énergie. Il est le seul port arctique autour duquel la mer ne gèle jamais, malgré des températures hivernales avoisinant régulièrement les trente degrés en dessous de zéro. C'est depuis ce port, où mouillent les gigantesques navires servant au transport de pétrole, que le maître du Kremlin s'apprête à lancer officiellement un chantier. Tout sourire, entouré d'une foule d'ouvriers en bleu de travail et d'hommes en costume-cravate parmi lesquels le directeur du géant gazier Novatek, Léonid Mikhelson, il actionne le levier symbolisant la mise en route d'Arctic LNG 2. LNG est l'acronyme de « liquefied natural gas », ou gaz naturel liquéfié.

« Permission accordée ! », annonce le chef d'État, officialisant le lancement du projet estimé à 21 milliards de dollars situé dans la péninsule de Gydan, qui s'enfonce dans la mer de Kara en Sibérie, dans le district autonome de Iamalo-Nénétsie. Cette usine géante de liquéfaction de gaz naturel se trouve à une trentaine de kilomètres d'une première usine du même type, Yamal LNG, entrée en service en 2017 et située juste en face, de l'autre côté de l'eau, dans la péninsule de Yamal. Si le gaz russe livré sous sa forme gazeuse par gazoducs en Europe a drastiquement chuté, notamment en raison du sabotage des pipelines NordStream 1 et 2 et parce que Vladimir Poutine a fait fermer le gazoduc reliant la péninsule de Yamal à la Pologne et réduit le débit de ceux qui passent par l'Ukraine, les exportations de gaz naturel liquéfié ont explosé.

Toutes les routes mènent à Mourmansk

C'est dans l'impressionnant chantier de construction de Belokamenka, qui est exploité par Novatek à côté de Mourmansk, que sont assemblées les gigantesques pièces qui composent les trois « trains » de liquéfaction qui composent l'usine Arctic LNG 2. Les superlatifs manquent pour décrire ces trains, immenses structures flottantes de soixante mètres de haut et d'une surface similaire à celle de six terrains de football. Une fois assemblés, ils seront tractés sur la mer jusqu'à la péninsule de Gydan, où ils rempliront leur mission de liquéfaction du gaz extrait à proximité. La visite de ce chantier par Vladimir Poutine en personne montre au monde entier à quel point ce projet est important pour Moscou. En théorie, cette nouvelle usine géante de liquéfaction de gaz doit permettre de faire décoller les capacités d'exportation de gaz naturel liquéfié de la Russie de 60 % d'ici 2026. Pour atteindre l'impressionnante capacité de 19,8 millions de tonnes de gaz liquéfié par an, la colossale installation utilisera trois lignes de production, traitant le gaz provenant d'un très grand champ gazier à proximité, à Salmanovskoye. Cette nouvelle exploitation rentre dans la grande vision de la Russie sur les hydrocarbures, visant à profiter d'une nouvelle voie maritime dans l'Arctique entre l'Asie et l'Europe ouverte grâce au réchauffement climatique. Cette « route maritime du nord » permettrait au gigantesque pays de concurrencer le canal de Suez sur le trafic international de pétrole, de ses dérivés et autres gaz liquides. Le projet faramineux de la nouvelle usine de liquéfaction de gaz est porté par Novatek, le géant gazier russe dont le principal actionnaire, Guennadi Timtchenko, partage des parts avec le groupe français Total et dont le conseil d'administration a récemment accueilli Emmanuel Quidet en son sein.

Au même moment, à six mille kilomètres de là, dans le nord-est de la Chine, des ouvriers s'activent dans la rade industrielle de l'immense mégalopole de Tianjin. Le littoral de la ville de onze millions d'habitants est le lieu de mouillage d'innombrables porte-conteneurs, pétroliers et autres grands navires de transport. Ce trafic exceptionnel fait de ce port un des plus importants au monde et le deuxième plus grand de Chine.

Les travailleurs du port sont sur le pied de guerre. Leur mission du jour est très différente du chargement et déchargement de conteneurs qu'ils ont l'habitude de manipuler. Aujourd'hui, ils doivent charger deux gigantesques assemblages complexes de machines et de tuyaux enchevêtrés grands comme des immeubles et pesant plusieurs dizaines de milliers de tonnes sur un navire de transport, l'*Audax*, dont l'armateur est le groupe néerlandais Red Box, spécialiste du transport maritime lourd dans l'Arctique. Ces monstres d'acier sont les différents modules d'une des trois parties principales de la méga-usine Arctic LNG 2. Fabriquées en Chine, ces deux pièces, nommées 2-TMR-001 et 2-TMR-002, sont en partance pour Mourmansk, où elles doivent être assemblées pour finaliser la construction du deuxième train de liquéfaction sur les trois qui doivent permettre au projet de fonctionner à plein régime.

Ces gigantesques machines sont fabriquées grâce à l'expertise de l'entreprise française Technip Énergies qui est le pilier technique du projet, à la fois pour ce qui concerne la fabrication en Chine et l'assemblage en Russie. Le contrat que l'entreprise a décroché pour permettre à la Russie de faire décoller sa capacité de production de gaz naturel chiffre à plus de 7 milliards d'euros. Le groupe, qui embauche quinze mille personnes dans le monde, compte parmi les leaders mondiaux de l'ingénierie dédiée aux industries de l'énergie, qu'il s'agisse du pétrole, de l'éolien, de l'hydrogène, ou encore du gaz naturel et gère des projets dans le monde entier, de la France à l'Inde, en passant par le Qatar, les Émirats arabes unis ou encore la Chine. Technip est également un partenaire habituel de Total en France comme à l'étranger, notamment en Afrique. Tous deux associés dès l'origine dans le projet, les groupes français de l'énergie ont l'un comme l'autre affirmé être sortis de l'aventure.

Après la salve de sanctions subies par Novatek pour sa participation directe à l'économie de la Russie en guerre contre son voisin, Total avait annoncé arrêter son financement d'Arctic LNG 2 et était sorti de son conseil d'administration, sans pour autant faire une croix sur ses presque 20 % d'actions. De son côté, Technip Énergies a également affirmé avoir mis fin à son épopée arctique. La manière dont le groupe s'en est chargé est pour le moins obscure. Comme le révélait le journal *Le Monde* dans une enquête publiée en octobre 2023, Technip a en réalité transféré les sièges sociaux de Novarctic et Gydan LNG, ses deux filiales montées spécialement pour le projet, aux Émirats arabes unis. L'avantage est total : le pays du Golfe, qui n'est pas particulièrement regardant sur les questions financières, n'est pas la cible des mêmes sanctions européennes que la Russie. Les sociétés qui y sont domiciliées peuvent donc théoriquement poursuivre leurs affaires en Russie en toute tranquillité. Technip a finalement cédé ses parts dans ces filiales quelques mois plus tard, le 5 mai 2023, à une société émiratie, Vertex Engineering, qui semble avoir été créée spécialement pour l'occasion deux mois auparavant et dont l'identité et l'origine des actionnaires sont aussi inconnues que les montants et les termes de la transaction. Une partie des prestations a également été transférée à une autre compagnie émiratie nommée Green Energy Solutions. Exceptionnellement basique et vide de tout contenu, l'allure du site internet de cette entreprise interpelle, d'autant plus quand on connaît l'importance du projet sur lequel travaille la firme. La seule page du site internet donne l'adresse de la firme : « Guardian Towers, Danet, office 805-808, Abou Dabi, Émirats arabes unis. » Un regard rapide sur une carte en ligne permet de voir quelle autre entreprise se trouve domiciliée dans le même immeuble : Technip Énergies Abou Dabi. Un hasard, probablement.

Le gaz n'a pas d'odeur

Technip est loin d'être étrangère à l'émirat et à son activité pétrolière puisque dès 2018, TechnipFMC, une nouvelle entreprise issue d'une partie des services de Technip et de l'américain FMC Technologies, collaborait avec la Pak-Arab Refinery Company Limited (PARCO) pour la création d'une nouvelle exploitation géante de pétrole au Pakistan. La PARCO, elle-même liée au groupe Total pour la vente de son pétrole au travers de la filiale Total Parco, est détenue à 60 %

par le gouvernement pakistanais, et à 40 % par Mubadala, le même fonds d'investissement d'Abou Dabi qui se trouve derrière l'achat des avions de chasse Rafale français, du rachat de la manufacture d'armes alsaciennes Manurhin, et surtout de la fabrication de la nouvelle super-usine de microprocesseurs de STMicroelectronics en banlieue de Grenoble. Mubadala est également un partenaire historique de la Russie dans l'exploitation de son gaz, puisqu'elle a participé, notamment aux côtés de l'appareil gazier d'État russe Gazprom, au développement des champs pétroliers des régions de Tomsk et d'Omsk, en Sibérie occidentale.

Il est évident que Technip n'a pas voulu se résoudre à quitter la Russie en faisant l'impasse sur ses profits, d'autant que Novatek, son client sanctionné, ne s'est pas gêné pour lui rappeler ses engagements. Pour ce faire, l'entreprise française a embauché le grand cabinet international de lobbying Brunswick afin de convaincre le gouvernement français de l'aider à sortir de Russie dans les meilleures conditions financières possibles, comme le révèle, là encore, le journal *Le Monde*. Grâce aux lois sur la transparence administrative, le quotidien a pu se procurer les échanges qui ont suivi entre Technip et la direction générale du Trésor, le service du ministère de l'Économie chargé de la mise en œuvre des sanctions. Le 26 avril 2022, l'entreprise d'ingénierie fait part à l'institution de « difficultés contractuelles importantes » liées à la mise en place des sanctions contre le Kremlin et son client, envers qui elle s'est initialement engagée à livrer une usine de gaz naturel liquéfié « pleinement opérationnelle ». Le lendemain, une réunion téléphonique est organisée à l'issue de laquelle Technip remercie ses interlocuteurs de lui avoir donné le feu vert pour continuer d'assister le projet Arctic LNG 2.

Le groupe français se met une nouvelle fois en lien avec les autorités le 7 juin 2022. À cette époque, il vient de boucler en Chine la construction de plusieurs modules nécessaires à l'assemblage du deuxième train de liquéfaction du gaz de l'usine, qui sont en attente de livraison vers la Russie. Technip demande donc la bénédiction de la direction générale du Trésor pour procéder au transfert, malgré les sanctions. Dans son courrier, le groupe justifie sa demande en expliquant que certaines des parties de l'usine Arctic LNG 2 pourraient ne pas contrevenir aux sanctions car elles n'interviennent pas dans le traitement du gaz de manière directe. Étrange, quand on sait que le seul et unique objectif de l'usine est bel est bien de liquéfier du gaz, et que c'est uniquement dans ce but que Technip a été missionné par Novatek. Pourtant, dans sa réponse, le Trésor se veut compréhensif et arrangeant. Il explique qu'il est tout à fait possible d'exporter les produits tant que leur nomenclature douanière n'est pas précisément visée par les sanctions. Pratique. Il suffit alors à Technip de déclarer ses modules comme ne faisant pas partie du processus de liquéfaction pour pouvoir les envoyer. Ainsi, en août 2022, l'entreprise expédie de Chine vers Mourmansk deux modules d'Arctic LNG d'une valeur d'environ quatre cent cinquante millions d'euros. « Ces modules n'ont pas pour fonction la liquéfaction du gaz naturel, mais la génération d'électricité de secours, pour l'un, et la production d'air, d'azote et d'eau glycolée pour l'autre », explique l'entreprise aux journalistes du *Monde*. Rien à voir avec la liquéfaction de gaz, vous dit-on. Même si lors de la réception en Sibérie les autorités douanières russes ont déclaré ces deux livraisons comme intervenant dans la liquéfaction du gaz naturel.

Pour faire les allers-retours entre l'empire du Milieu et l'usine d'assemblage de Mourmansk, les industriels russes responsables du projet ont missionné l'armateur Red Box et ses deux énormes navires de transport polaires, qui sont couverts par l'assureur luxembourgeois The Shipowners' Club, toujours selon *Le Monde*. Si d'autres armateurs européens comme le norvégien GPO ou le néerlandais Boskalis ont arrêté leur collaboration avec Arctic LNG 2 dès la mise en place des sanctions, Red Box et son assureur ont continué leurs affaires comme si de rien n'était, de la même manière que la société de transport maritime chinoise COSCO. À la différence majeure que la Chine est un allier du régime de Vladimir Poutine. Entre mai et janvier 2024, les deux bateaux de Red Box, *Audax* et *Pugnax*, ont transporté six modules de l'usine Arctic LNG 2. Parmi ces livraisons de pièces cruciales au fonctionnement de l'usine, le module nommé 2-TMP002, permet le fractionnement du gaz naturel extrait en Sibérie. Ce type de pièce est ciblé sans ambiguïté par les sanctions européennes, rappelle *Le Monde*. Le quotidien va plus loin et affirme qu'« autant Red Box que le Shipowners'Club pourraient avoir enfreint la réglementation européenne, selon plusieurs avocats », précisant que « les transferts et l'assurance de biens sous sanctions sont en effet ciblés, au même titre que le commerce de ces produits ».

Même si Technip est officiellement sorti du projet, le chantier d'Arctic LNG 2 est donc loin d'être à l'arrêt. La livraison en Russie des gigantesques modules fabriqués en Chine sous l'œil avisé du groupe français en est la preuve. Un tel exemple montre les limites des sanctions internationales et à quel point il est difficile de les mettre en place et de les faire appliquer, et à quel point il est facile de les contourner, surtout si l'on bénéficie d'un coup de main de la bureaucratie. L'objectif poursuivi, qui est de bloquer l'économie de guerre russe, semble bien moins facilement atteignable qu'annoncé. À l'heure où j'écris ces lignes, le premier train de liquéfaction de l'usine Arctic LNG 2 a été lancé et fonctionne à 50 % de ses capacités. À cause des sanctions américaines, seules quatre des sept turbines fabriquées par l'entreprise Baker Hughes ont été fournies. Novatek a prévu de combler ce manque en achetant des turbines chinoises pour que le train tourne à pleine puissance et fournisse les 6,6 mégatonnes de gaz naturel liquéfié par an prévues. Le second train de liquéfaction est quant à lui presque terminé.

Un allié dans chaque port

Une fois leur gaz naturel traité et liquéfié dans les immenses usines sibériennes, les Russes peuvent compter sur les pays de l'Union européenne pour assurer son transbordement et son envoi vers des dizaines de destinations. Grâce à des terminaux portuaires situés le long des côtes de l'Europe, des entreprises déplacent le gaz liquéfié depuis les navires méthaniers provenant de Russie vers d'autres bateaux pour permettre à la précieuse marchandise de continuer sa route vers la Turquie, l'Inde, le Koweït, la Thaïlande ou encore la Chine. Cela arrange bien Novatek et les autres industriels qui gèrent l'exploitation et la transformation du gaz en Sibérie, qui n'ont ainsi pas besoin de mobiliser ni de gérer la gigantesque flotte qui serait nécessaire à un tel trafic s'ils devaient se charger eux-mêmes des livraisons.

Tant que l'usine de liquéfaction Arctic LNG 2 n'est pas totalement opérationnelle, c'est son usine sœur, celle de Yamal, qui fournit l'essentiel de la production. Toutes deux sont situées dans des péninsules donnant sur la mer de Kara et l'océan Arctique. Il n'est pas rare de s'y confronter à des températures inférieures à – 57 °C. Il y fait nuit sans interruption de novembre à février et pendant environ neuf mois par an, la région est prisonnière des glaces. Pour assurer le transit du gaz liquéfié dans ces conditions extrêmes, les industriels russes peuvent compter sur une flotte de seize gigantesques méthaniers brise-glaces à la pointe de la technologie. Si tous portent le nom de héros russes de l'exploration de l'Arctique, l'un d'eux porte un nom bien français, celui de Christophe de Margerie, ancien P.-D.G. de Total décédé dans un accident d'avion en Russie en 2014 et l'un des piliers à l'origine du projet de Yamal, dont, rappelons-le, le groupe français possède toujours 20 %. S'ils sont mis au service du business russe, ces brise-glaces sont en réalité opérés grâce à un vaste système international reposant sur des pays officiellement opposés à la Russie et soutenant l'Ukraine. Sur les seize navires, cinq sont gérés par la firme britannique Seapeak, et neuf par l'armateur grec Dynagas. Douze de ces bateaux sont assurés au Royaume-Uni et trois en Norvège. Trois autres bâtiments, fabriqués dans les chantiers navals russes Zvezda directement pour Novatek devraient être lancés en 2024. En Corée du Sud, l'entreprise de fabrication Hanwha Ocean devrait également fournir bientôt trois autres brise-glaces à l'entreprise. Après avoir brisé la banquise du grand Nord, les immenses navires déchargent leurs cargaisons de gaz naturel liquéfié soit dans le port russe de Mourmansk, libéré des glaces, soit en Norvège, ou encore plus au Sud, dans un des cinq principaux pays d'Europe équipés en terminaux méthaniers : le Royaume-Uni, les Pays-Bas, la Belgique, la France et enfin l'Espagne. Les brise-glaces sont ainsi délivrés de leurs chargements et n'ont pas à perdre de temps dans des eaux navigables par des navires ordinaires.

Dès l'origine du projet de liquéfaction du gaz sur la péninsule de Yamal, il avait été prévu que des ports européens serviraient de bases de transbordement permettant au gaz russe d'être ensuite expédié dans le monde entier. En Belgique, le terminal méthanier de Zeebrugge, qui était jusqu'alors sous-utilisé, y a trouvé en 2015 une manière de renaître grâce à un accord s'étalant sur vingt ans. La France n'a pas à rougir, puisqu'elle bénéficie d'infrastructures portuaires similaires dans les villes de Montoir, Dunkerque, Fos-sur-Mer et Le Havre, où vient d'ouvrir un nouveau terminal mobile exploité par Total. Ces équipements ont permis à l'Hexagone de doubler ses exportations de gaz naturel liquéfié en 2022, lui permettant notamment d'en réexpédier une partie en Allemagne par gazoduc, ou vers la Turquie, l'Inde, Taïwan, la Chine, la Turquie, le Koweït ou encore la Thaïlande par bateau.

Du côté de la Belgique, le gouvernement fédéral a demandé à ce que le transbordement de gaz naturel liquéfié russe soit progressivement mis à l'arrêt. « Le gouvernement s'engage à soutenir l'Ukraine et les Ukrainiens pour faire face à l'invasion russe. Mais cela n'a de sens que si on arrête d'alimenter le trésor de guerre de Poutine. C'est pour cela que, dans le cadre d'un nouveau paquet de sanctions contre la Russie, le gouvernement fédéral demande la cessation progressive du transbordement de gaz naturel liquéfié russe dans les ports européens », avait indiqué le cabinet de Tinne Van der Straeten, la ministre écologiste belge de l'Énergie, le 29 avril 2024, juste après que le royaume a confirmé sa décision de livrer des avions de chasse F-16 à l'Ukraine.

Peu de temps après, le mercredi 8 mai, la Commission européenne débattait pour la toute première fois d'une mesure destinée à pénaliser les revenus russes tirés du gaz naturel liquéfié. L'exécutif européen a proposé d'interdire les opérations de transbordement au sein des ports de l'Union européenne ainsi que tout service ou assistance technique au profit d'un navire transportant du gaz liquide originaire de Russie vers un pays tiers. La Commission a aussi annoncé vouloir interdire les futurs investissements européens dans la liquéfaction de gaz en Russie. Pas question pourtant de mettre fin ou de limiter les importations de gaz liquide russe dans l'Union européenne qui ont décollé en 2023 en même temps que se tarissaient les gazoducs.

De l'autre côté de l'Atlantique, les États-Unis ont mis en place des sanctions spécifiquement réfléchies pour contrer le projet de l'usine d'Arctic LNG 2 en construction. Plusieurs acteurs clés du projet sont visés, comme la société Green Energy Solutions, qui semble être une façade pour la branche émiratie de Technip et JSC Énergies, nouveau nom de ce qui était anciennement la filiale russe de Technip. Ces sanctions, qui arrivent alors que la construction de l'usine est déjà bien avancée, ont pour but de ralentir son assemblage et d'en réduire la rentabilité plutôt que d'en empêcher le fonctionnement.

Le futur dira quels ont été les résultats de ces décisions américaines et des discussions au sein de l'Union européenne et si ces nouvelles mesures, pour autant qu'elles soient mises en place correctement, auront eu un impact sur la guerre et l'économie russe. À l'heure actuelle, cette dernière est bien plus en forme que ce que la mise en place des sanctions laissait au départ espérer. Cette situation est permise par leur application à deux vitesses et offre à l'industrie militaire du pays, qui est l'une des plus importantes au monde, la possibilité de tourner à plein régime et d'alimenter les forces d'invasion de Vladimir Poutine. Le rapport de force avec l'Ukraine, qui subit de plein fouet une crise des munitions, s'en trouve très déséquilibré. Sur le front, l'armée russe tire environ treize fois plus d'obus que son adversaire et profite de cette disproportion en lançant le 10 mai 2024, après plus de huit cents jours de guerre, une offensive destructrice et meurtrière dans la région de Kharkiv, dans le nord-est de l'Ukraine, où elle avale et conquiert des dizaines de kilomètres carrés. En ouvrant un nouveau front, le Kremlin force l'armée ukrainienne à un choix cornélien sur l'attribution des forces de part et d'autre de la longue ligne de défense tout en mettant la pression sur Kyiv, qui est forcé de détourner son attention de la région du Donbass. Le bilan humain de cette avancée est tragique. Si le nombre de pertes civiles et militaires est pour le moment inconnu. Plus de trente localités de la région sont bombardées et les habitants des villages de Bugayivka et Vovtchansk sont évacués pour échapper au pilonnage continu de l'artillerie russe. Selon plusieurs sources provenant des deux côtés de la ligne de front, les assaillants, obligés de bien plus se découvrir et de se mettre en danger que les défenseurs, auraient perdu 1 740 soldats le 13 mai. Le pire bilan journalier russe de la guerre jusqu'alors.

11.

Construire la Russie en famille

En France, il y a deux types de personnes. Les membres de la famille Mulliez et leurs clients. Si votre oncle dirige le groupe de grande distribution Auchan, que votre cousin est au conseil d'administration des magasins de bricolage Leroy Merlin, que votre insupportable beau-frère est un cadre dirigeant du très populaire équipementier sportif Decathlon ou du spécialiste de la mécanique automobile Norauto, ou encore si vous-même êtes directeur général de la chaîne d'électroménager et de multimédia Boulanger, ou patron des magasins de biens culturels et matériel créatif Cultura, c'est que vous faites partie du premier type, et donc que vous êtes un membre de la famille Mulliez, qui représente la troisième fortune française et qui possède une immense partie de la grande distribution française et d'une pléthore d'autres commerces. Si ce n'est pas le cas, c'est que vous êtes un de leurs clients. Voire un de leurs employés. Car qui, dans l'Hexagone, n'a jamais fréquenté un des commerces susmentionnés ? Si vous ne vous y retrouvez pas, la liste de leurs possessions continue : les magasins de vêtements Kiabi, Jules, Pimkie, Brice, Rouge Gorge et Tape à l'Œil, les restaurants Flunch, Pizza Paï, Les 3 Brasseurs ou Il Ristorante, les magasins de bricolage Saint-Maclou, Weldom, Bricoman, les garages Midas ou encore l'entreprise de location de matériel de chantier et de bricolage Kiloutou, la société de vente par correspondance Les 3 Suisses… Je ne connais pas une seule personne qui n'a jamais mis les pieds dans un des commerces de cette liste, qui pourrait encore continuer sur quelques lignes. Je prends le risque d'affirmer que vous non plus. Vous avez aussi certainement déjà croisé un des trois cent mille salariés de cette famille, dont les huit cents cousins, frères, sœurs, oncles et tantes, tous descendants de Gérard Mulliez, entrepreneur dans le textile, se partagent la direction des différents groupes, filiales et services qui leur appartiennent.

Les entreprises françaises à la conquête de l'Est

Pour comprendre le lien fort entre cette famille hors du commun et la guerre en Ukraine, il faut remonter au 22 octobre 2001. Ce jour-là, dans la ville de Mytishchi, dans la banlieue nord de Moscou, le gouverneur de la région, Boris Gromov et Gérard Mulliez, le fondateur d'Auchan et fils homonyme du fondateur de la dynastie arborent tous les deux leur plus beau sourire pour les photographes. L'homme d'affaires a profité de la visite officielle du Premier ministre Lionel Jospin en Russie pour l'accompagner et s'extirper un instant du voyage pour poser la première pierre de son premier hypermarché dans le pays. À 2 479 kilomètres de là, à Paris, Guy Ferry, responsable du projet Russie pour Auchan, intervient à l'occasion d'un colloque organisé par le Centre français du commerce extérieur. À propos d'Auchan en Russie, il fait une annonce tonitruante : « À partir du milieu de l'année prochaine, nous ouvrirons tous les deux à trois mois ! » Auchan fait découvrir à la classe moyenne russe la consommation de masse, elle qui est plutôt habituée à faire ses courses dans les petits magasins et au marché. La promesse d'Auchan est radicalement différente. Dans des magasins de plusieurs milliers de mètres carrés, alors inédits en Russie, les citoyens peuvent bénéficier au même endroit de trente-cinq mille produits couvrant tous leurs besoins, à des prix très abordables. Le succès est immédiat.

La conquête du marché russe par Mulliez ne se cantonne pas à la chaîne de supermarchés au rouge-gorge. Dans son sillage, le businessman et chef de famille embarque son portefeuille d'entreprises. Sa division immobilière, Immochan, lui sert de fondation pour accueillir, dans toute la Russie, des magasins des différentes enseignes qu'il possède : Leroy Merlin, Norauto, le spécialiste de l'électroménager et du multimédia Boulanger, ou encore le très populaire équipementier sportif Decathlon.

C'est le 9 août 2004 que le premier magasin Leroy Merlin de Russie voit le jour en banlieue de Moscou, engrangeant dans la foulée une vingtaine d'ouvertures par an, toujours plus vers l'est. La franchise de bricolage est aujourd'hui présente jusque dans l'Extrême-Orient russe. La chaîne compte cent treize magasins dans tout le pays et y emploie pas loin de quarante-cinq mille salariés, faisant d'elle le plus gros employeur étranger de Russie. En prime, 70 % des produits vendus dans le pays par la firme y sont fabriqués. L'idylle entre Leroy Merlin et la Russie est totale, et le Kremlin le lui rend bien. Deux ans après l'annexion illégale de la Crimée par Moscou, en 2016, le groupe français reçoit une commande spéciale de l'État russe. Dans une enquête publiée le 20 février 2024, le journal *L'Express* révèle que Leroy Merlin a à l'époque signé un contrat d'approvisionnement concernant des « équipements et pièces détachées électriques » avec l'entreprise d'État russe Gamma, une société classée comme « stratégique » selon un décret signé par Vladimir Poutine qui travaille avec le service de renseignement russe – le célèbre FSB – en lui fournissant, selon son site internet, la panoplie complète de l'espion, des systèmes de brouillage aux intercepteurs radio, en passant par des systèmes d'écoute, des détecteurs de métaux ou encore du matériel de destruction d'urgence d'information. La société se targue également d'assurer la « protection des secrets d'État, des données personnelles, des secrets commerciaux, des systèmes d'information de l'État », et est aujourd'hui sanctionnée par les États-Unis, le Canada et l'Ukraine pour sa participation à la guerre. Les pièces détachées demandées ont été livrées par Leroy Merlin au début de l'année 2017 à un centre de recherche scientifique de Rostov-sur-le-Don, ville située à une centaine de kilomètres de la frontière ukrainienne, où se trouve également le commandement russe du district militaire sud.

Après l'invasion de l'Ukraine en février 2022, la majorité des grands groupes français présents ont décidé de quitter le pays. Ce n'est le cas ni de Leroy Merlin, ni d'Auchan, ni d'aucune autre enseigne appartenant à la famille Mulliez. Le 23 mars 2022, le président ukrainien Volodymyr Zelensky s'adresse aux parlementaires français en visioconférence. Il est furieux : « Leroy Merlin et autres doivent cesser d'être les sponsors de la machine de guerre de la Russie, arrêter de financer le meurtre d'enfants et de femmes, les viols. » Le groupe rebondit immédiatement sur la prise à partie. Le même jour, Philippe Zimmermann, alors directeur général d'Adeo, le nouveau nom du groupe Leroy Merlin, s'explique dans le quotidien régional *La Voix du Nord* : « On a la responsabilité, en tant qu'employeur, de nos quarante-cinq mille collaborateurs en Russie, avec leurs familles, qui contribuent depuis dix-huit ans à construire une relation durable en Russie. Il n'y a pas de raison de condamner nos équipes russes pour une guerre qu'elles n'ont pas choisie. »

Le discours colle avec les slogans que l'entreprise affiche sur son site internet. « L'humain au cœur de nos engagements. » Le groupe aime l'humain, même quand il porte un fusil d'assaut et le treillis russe. Selon une enquête de février 2023 menée conjointement par le quotidien *Le Monde*, le média d'investigation en ligne *The Insider* et l'ONG Bellingcat, Auchan aurait, dès le début de l'invasion de 2022, réitéré le soutien de la galaxie

Mulliez au bras armé de Vladimir Poutine en fournissant gratuitement à l'armée russe des milliers de cigarettes, des chaussettes de laine, des cartouches de réchauds à gaz, du ragoût de porc en conserve, des haches et des clous, le tout provenant de son propre stock. Le chargement, d'une valeur de deux millions de roubles, soit environ vingt-cinq mille euros, aurait été acheminé aux forces armées du Kremlin par des camions estampillés « aide humanitaire ».

Trois jours avant la prise de parole de Zelensky, le 20 mars 2023, le centre commercial Retroville de Kyiv, qui abrite un magasin Leroy Merlin, est la cible d'un bombardement russe, ôtant la vie à huit malheureuses victimes. Nous sommes aux débuts de l'invasion et l'armée russe est aux portes de la capitale, située à deux kilomètres de là. Un entrepôt de la firme, érigé non loin de là, est également endommagé. L'enseigne prend alors la décision d'aider ses employés qui veulent quitter le pays et leur verse deux mois de salaire. Dans les jours qui suivent, Philippe Zimmermann prend la parole dans une vidéo. Il y présente ses condoléances, tout en appelant à « la solidarité » envers les collègues russes. Le directeur ne voit « aucune raison de cesser d'être utile aux Russes ». Les salariés ukrainiens, qui ne savent pas s'ils doivent rire ou pleurer, sont révoltés. Pour les travailleurs, tout ceci vient violemment finir d'enfoncer le clou, alors que le premier coup de marteau avait été mis au début de ce même mois de mars, lorsque les messageries électroniques des employés ukrainiens avaient été coupées, officiellement pour des raisons de sécurité, mais en réalité, selon eux, pour « éviter qu'ils n'appellent les autres filiales du groupe au boycott de la Russie ».

Faux départs

Il faut une série de catastrophes supplémentaires pour que le groupe change finalement de cap. La première, un an plus tard, en mars 2023 signe la rupture de la relation d'amour qu'entretient la Russie avec Leroy Merlin. Andreï Lugovoï, un ancien du KGB devenu vice-président de la Commission en charge de la sécurité et de la lutte contre la corruption de la Douma, la chambre basse du parlement russe, accuse Leroy Merlin et Auchan d'optimisation fiscale. Les deux enseignes auraient volontairement minoré leurs profits en transférant une partie de leurs recettes hors de Russie pour y payer moins d'impôts. La seconde a lieu en France. La position de Leroy Merlin sur la guerre en Ukraine rend la chaîne de plus en plus impopulaire dans son pays d'origine. Sur les réseaux sociaux et dans la rue, les élus, les associations et les citoyens expriment leur mécontentement et leur déception, allant jusqu'à manifester devant des magasins. Les employés français, eux aussi, expriment de plus en plus leur désaccord avec la ligne tenue par la direction. Pour l'Association familiale Mulliez, maison mère de Leroy Merlin, la situation devient très difficilement tenable. Le vendredi 24 mars 2023, Adeo annonce que le « contrôle opérationnel » de ses cent treize magasins en Russie sera cédé au « management local ». Cette décision avait été prise afin de « préserver les emplois des quarante-cinq mille collaborateurs et de pérenniser l'activité de l'entreprise au service des habitants », selon Philippe Zimmerman. L'humain au cœur des engagements, toujours.

« Céder le contrôle opérationnel » est une formule floue. Le patron de la branche russe de Leroy Merlin, Laurent Desfassiaux, est d'ailleurs toujours à son poste. C'est dans le silence et le secret absolu, sans en informer ni les salariés, ni la presse, ni les marchés, que le 1er décembre 2023, 99,993 % (on se demande pourquoi pas cent) du capital de la branche russe de Leroy Merlin est cédée à Scenarii Holding, une société domiciliée, là encore, dans le paradis de l'évasion face aux sanctions : les Émirats arabes unis. Les enquêteurs de *L'Express* ont fouillé dans le registre officiel du chef-d'œuvre d'architecture moderne qu'est le gigantesque Dubai International Financial Centre. Ils ont découvert que la firme qui y est domiciliée a été créée en août 2023 et que son actionnaire principal est une autre entité nommée Scenarii Gen. Management Limited, domiciliée au même endroit et enregistrée quelques jours plus tôt. Surprise : son directeur n'est autre que Laurent Desfassiaux. « Un jeu de poupées russes », écrivent les journalistes.

Si Leroy Merlin est devenu le navire amiral de la flotte d'entreprises dont les Mulliez disposent en Russie, la chaîne de magasins de bricolage n'est pas la seule à en être partie sans partir vraiment. Dans le cas de Decathlon, la méthode montre quelques similitudes. Au début de l'invasion, la chanson jouée par la direction, qui ne veut pas se retirer de Russie, est familière : « La culture de Decathlon, c'est les gens d'abord » ou encore « on a deux mille cinq cents employés qui sont là depuis 2006, et il faut se poser la question de savoir si on lâche ces gens du jour au lendemain ». Compte tenu de l'accentuation de la pression internationale, Decathlon annonce la fin de ses activités en Russie dès le 29 mars 2022. Il faut pourtant attendre octobre 2023 pour que la cession des soixante magasins soit officiellement actée en faveur d'une entreprise russe du nom de Desport et qu'on assiste, le 25 novembre de la même année, à l'inauguration du premier magasin Desport près de Moscou. La nouvelle firme russe n'a pas que les deux premières lettres de son nom en commun avec le groupe français qu'elle remplace. Ce nouveau magasin à absolument tout d'un Decathlon. Du logo en lettres blanches sur le même fond bleu à la décoration, en passant par les marchandises proposées : tentes Quechua, vélos B'twin et Rockrider, vêtements Kalenji et Forclaz, matériel de ski Wedze… Toutes les marques Decathlon sont présentes.

La chaîne de magasins de sport préférée des Français aurait-elle menti en annonçant son départ de Russie ? Oui, selon le média d'investigation en ligne *Disclose*. L'enquête, publiée en décembre 2023, dévoile un message électronique envoyé en septembre 2023, dans lequel un responsable de production de Decathlon situé en Europe se réjouit « d'un contrat d'approvisionnement avec son nouvel acquéreur » russe d'un montant de 12 millions de dollars pour écouler 1,2 million de produits dans les magasins Desport. Pour honorer son engagement, Decathlon va tout d'abord détourner certains produits initialement destinés aux magasins européens, le tout avec « l'accord complet de Jean-Marc Lemière », le directeur financier du groupe. Mais ce détournement est loin d'être suffisant pour remplir les magasins nouvellement renommés. Decathlon va alors profiter d'une filiale singapourienne nommée Desipro, grâce à laquelle le groupe commande des marchandises à ses fournisseurs asiatiques, notamment au Bangladesh, sans attirer l'attention. Pour éviter d'attirer l'attention et de risquer un blocage des biens, le groupe français demande à ses sous-traitants asiatiques de ne pas expédier de cargaisons directement en Russie, mais les envoyer par avion à Dubaï, vers ce qui semble être une société écran. Là encore, les Émirats arabes unis viennent à la rescousse de ceux que les sanctions n'arrangent pas.

La Russie a tout intérêt à ce que les entreprises étrangères, qu'elles viennent de France ou d'ailleurs, continuent à faire des affaires sur son territoire. Plus que cela, c'est même vital pour le Kremlin. Selon la Kyiv School of Economics, les entreprises étrangères auraient payé quarante milliards de dollars d'impôts à l'État russe pendant les deux années qui ont suivi l'invasion de l'Ukraine. Soit la moitié des dépenses militaires de Moscou sur toute l'année 2022. L'école d'économie ukrainienne indique que seul un petit nombre d'entreprises étrangères est en réalité parti de Russie. En février 2024, elles n'étaient que trois cent cinquante-huit à avoir complètement quitté le pays par le biais d'une vente ou d'une liquidation, alors que deux mille cent trente-huit filiales russes d'entreprises étrangères y exercent encore leurs activités, contribuant à la guerre par le biais de l'impôt sur les sociétés, voire par la réquisition de leurs chaînes d'approvisionnement par suite de la mobilisation déclarée par le Kremlin.

Sur le podium des pays d'origine des entreprises payant le plus d'impôts en Russie en 2022, les États-Unis, l'Allemagne et la Suisse se partagent les trois premières places. Toujours selon l'institut, les entreprises faisant commerce de biens dits de « consommation courante » dont la fréquence d'achat est élevée, comme les produits alimentaires, d'entretien, d'hygiène, ou les vêtements ont généré 17,6 milliards de dollars en 2022. Parmi elles, PepsiCo, Mars, Nestlé, ou encore Unilever. Toutes utilisent systématiquement les mêmes éléments de langage entendus dans la bouche des cadres du groupe Mulliez pour justifier la continuité de leur activité en Russie, assurant fournir des biens essentiels voire vitaux à la population russe. Un argument audible pour des entreprises fournissant par exemple des médicaments. Un peu moins pour des vendeurs de confiseries ou de soda. On notera le caractère contre-productif de cette poursuite des activités en Russie : les pays dont les entreprises continuent à y faire du business, qu'il s'agisse de la France, des États-Unis ou de l'Allemagne, sont parmi les principaux soutiens financiers, humanitaires et militaires de Kyiv depuis l'invasion de 2022. La simple présence de leurs sociétés en Russie contribue largement à saper les efforts économiques et diplomatiques qu'ils mettent en place pour aider l'Ukraine à se défendre.

Conclusion

Le funiculaire s'arrête en haut de la colline de Fourvière. La vue sur la ville de Lyon depuis le quartier de Saint-Just est sans pareil. C'est dans ce quartier populaire que se situe le bâtiment abritant deux organisations travaillant main dans la main. Les bureaux français de l'ICAN, la Campagne internationale pour l'abolition des armes nucléaires, récompensée du Prix Nobel de la paix en 2017, y côtoient ceux de l'Observatoire des armements. Fondé en 1984, sous le nom de Centre de documentation et de recherche sur la paix et les conflits, l'observatoire est le seul centre d'expertise et de ressources indépendant spécialisé dans le domaine de la défense et de sécurité en France. Il intervient également sur le renforcement du contrôle démocratique de l'industrie et des transferts d'armement ainsi que sur l'élimination des armes nucléaires ainsi que la reconnaissance de leurs conséquences sanitaires et environnementales. Les rapports rédigés par les experts et chargés d'études qui y travaillent sont reconnus tant par les politiques que par les journalistes pour la qualité des enquêtes et des analyses qui y sont publiées. C'est grâce à leurs publications sur les ventes d'armes dans les années 1990 que la France puis les autres pays européens ont été contraints de publier des rapports annuels sur les exportations d'armements à destination des parlements depuis les années 2000.

Tony Fortin, chargé d'études de l'Observatoire des armements, me reçoit dans la grande salle d'archives de l'organisation. Sur les dizaines de rangées d'étagères, des centaines de dossiers contiennent les résultats de décennies de recherches : un véritable travail de fourmi sur l'armement, son marché international et l'utilisation qui en est faite dans le monde entier et dans tous les conflits de ces quarante dernières années. Tony et moi nous sommes croisés pour la dernière fois à Grenoble, le 12 janvier 2024. L'Observatoire des armements, le collectif écologiste Stop Micro, qui lutte contre la pollution et la surexploitation des ressources naturelle par l'industrie microélectronique, l'alliance des Scientifiques en rébellion et le groupe Grothendieck, qui travaille à démontrer le noyautage de l'université grenobloise par l'armée et le complexe militaro-industriel s'étaient rejoints pour un colloque regroupant étudiants et professeurs dans le but d'informer le milieu universitaire sur les coulisses de la création d'une nouvelle chaire de recherche intitulée « Deep Red ». Cette chaire, mise en place par l'entreprise de vision thermique Lynred, dont les composants permettent aux drones russes de quadriller le terrain ukrainien, annonce publiquement vouloir développer la recherche en détection infrarouge à la faculté de Grenoble. Pour attirer les étudiants, l'entreprise de défense base sa communication sur toute une série d'applications civiles, du spatial au médical, sans jamais mettre en avant les usages militaires potentiels de telles études. Les différentes organisations présentes sur place alertaient les étudiants et universitaires médusés sur la réalité des applications premières des produits fabriqués par Lynred ainsi que sur les travaux réalisés par la direction de cette nouvelle chaire, dont les usages, comme la surveillance par les airs, sont typiquement militaires.

« Les collaborations et les liens avec la Russie représentent un phénomène global qui n'est pas typiquement français. Si 95 % des composants étrangers retrouvés sur le champ de bataille ukrainien sont occidentaux, 70 % sont américains. De la même manière, les affaires internationales liées au gaz ou au nucléaire russe ne concernent pas que la France mais bien l'Europe entière », me rappelle Tony Fortin, qui indique que la spécificité française dans les relations avec le Kremlin réside ailleurs. « Dans le cas de la France, ce qui est problématique, c'est qu'on ferme les yeux sur les biens à double usage qu'on envoie en masse et qui se retrouvent sur le champ de bataille », précise le spécialiste.

« Les biens à double usage sont les produits, y compris les logiciels et les technologies, susceptibles d'avoir une utilisation tant civile que militaire. » C'est ainsi que sont définis ces matériels spécifiques par le règlement européen, qui précise : « Ils incluent les biens susceptibles d'être utilisés aux fins de la conception, de la mise au point, de la fabrication ou de l'utilisation d'armes nucléaires, chimiques ou biologiques ou de leurs vecteurs, y compris tous les biens qui peuvent à la fois être utilisés à des fins non explosives et intervenir de quelque manière que ce soit dans la fabrication d'armes nucléaires ou d'autres dispositifs nucléaires explosifs. »

Ces produits, qui peuvent avoir un usage tant civil que militaire, couvrent un spectre particulièrement large allant des routeurs internet aux textiles de haute technologie en fibres de carbone en passant par des produits chimiques, des logiciels de guidage de missiles, des jeux de simulation en trois dimensions, des puces électroniques, des engrais, ou encore des drones de loisir. Pour exporter ce type de matériels, les industriels sont soumis à des procédures très strictes et doivent, pour éviter de potentielles sanctions pénales, systématiquement demander des autorisations au ministère de l'Économie. Les composants provenant du monde entier retrouvés dans les missiles, drones, avions, véhicules blindés et équipements militaires utilisés par l'armée russe en Ukraine, comme par les militaires émiratis au Yémen, par les forces israéliennes dans les territoires palestiniens ou dans tous les autres conflits mondiaux entrent en grande majorité dans la classification des biens à double usage.

« Nous voyons apparaître en Ukraine quelque chose de nouveau. Sur le champ de bataille, l'armement utilisé d'un côté comme de l'autre est de plus en plus basé sur du matériel produit par le secteur civil. C'est un phénomène que l'on commence également à observer dans le conflit qui a lieu à Gaza, dans lequel des composants français d'origine civile ont été retrouvés », développe Tony Fortin, avant de préciser : « Jusqu'alors, l'armée investissait dans le domaine civil pour utiliser les résultats des recherches qui en découleraient. Aujourd'hui, alors que les guerres sont de plus en plus technologiques et que les innovations se font essentiellement au niveau du cerveau de l'armement plutôt qu'au niveau de l'électronique ou de l'explosif, le monde civil produit de lui-même de la très haute technologie et les militaires piochent directement ce qui les intéresse sur le marché grand public. Il n'y a plus de limites entre le civil et le militaire. L'un s'étend à l'autre, et inversement. »

Selon mon interlocuteur, cette porosité entre les deux mondes rend le contrôle des exportations de matériel à potentiel usage militaire extrêmement compliqué. C'est le cas notamment pour les drones civils qui peuvent s'acheter dans n'importe quelle boutique multimédia ou sur internet pour quelques centaines d'euros.

Le chargé d'études de l'Observatoire des armements effectue une distinction entre deux raisons majeures expliquant la collaboration avec la Russie autant qu'avec les autres régimes guerriers ou répressifs. « Dans le cas des grandes entreprises multinationales comme le franco-italien STMicroelectronics, ou les Américains d'Analog Devices et de Texas Instruments, ces partenariats sont à mon sens purement d'ordre économique et n'obéissent à aucune autre idéologie ou ligne directrice que celle du profit », développe-t-il.

« D'un autre côté, il existe de véritables volontés politiques assumées. Dans le cas de la Russie, cela peut être représenté par le développement de partenariats franco-russes en matière d'imagerie ou d'aéronautique, la France y ayant par exemple participé à développer toute une gamme d'hélicoptères légers. Dans ces cas de figure, les politiciens et les chefs d'entreprise ont des positions publiques claires qui ne laissent aucun doute sur l'existence d'intentions politiques. »

En France, cette volonté s'observe par le développement d'une coopération militaire avec la Russie au mépris de l'embargo de 2014 faisant suite à l'invasion des régions ukrainiennes de la Crimée et du Donbass en 2014, malgré les crimes commis par le Kremlin en Syrie et malgré la guerre entre la Russie et la Géorgie en 2008. « Nous avons délibérément fait le choix politique de nous rapprocher de la Russie alors qu'elle était déjà dans une stratégie de conquête de territoires. Cette situation ne nous a pas empêchés de développer des partenariats et d'ouvrir des filiales d'entreprises de défense françaises sur place. Aucun garde-fou n'a été mis en place au moment où ces contrats ont été négociés, par ailleurs sans transparence ni contrôle démocratique. Le monde politique et la société civile ont toujours tendance à se réveiller après la mort de dizaines de milliers de personnes et nous observons une véritable incapacité à agir en amont, lorsque les guerres se préparent. Ceci est dû à un manque de transparence dans la prise de décisions, entraînant l'absence de débat démocratique. Ce cocktail explosif abouti à un scénario kafkaïen : les États-Unis et les pays de l'Union européenne se retrouvent à être obligés de livrer plus d'armements à l'Ukraine pour l'aider à combattre de l'armement russe mis à niveau par des technologies occidentales, entraînant dans le même temps une pérennisation du conflit », conclut Tony Fortin.

Cette schizophrénie des pays européens se traduit par la manière dont sont mises en place les mesures d'embargo. Les restrictions sur la Russie sont un véritable cas d'école. « Des exceptions sont aménagées pour permettre aux industriels de jouer sur les textes afin de ne pas avoir à trop diminuer leurs exports ou leurs collaborations. Nous avons notamment pu observer la mise en place de tels aménagements dans le domaine de l'espace avec la conservation du programme spatial avec la Russie au travers de la station spatiale internationale. Ceci permet aux pays occidentaux de continuer à fournir des technologies spatiales ou satellitaires à la Russie dont les usages militaires potentiels sont très faciles à imaginer. La coopération continue également autour de l'énergie nucléaire, par exemple entre le français EDF et son homologue russe Rosatom », poursuit l'expert, qui se questionne : « Ces contradictions interrogent sur un monde de plus en plus mondialisé qui voit grandir l'interdépendance entre les pays, tous tributaires des ressources produites en dehors de leurs propres territoires. Est-ce que ce mode de vie est soutenable pour les populations qui sont victimes dans le monde entier de régimes avec lesquels l'Occident entretient des partenariats ? Je ne crois pas. Il suffit de regarder les conséquences dramatiques sur les civils en Ukraine, en Syrie, en Libye ou au Yémen, où la France est le premier investisseur gazier grâce à Total. »

Pour Tony Fortin, il n'existe pas à l'heure actuelle de modèle alternatif idéal à ce système mondial. Encore moins dans le contexte de réarmement généralisé qui fait suite à l'état de panique dans lequel l'agression de la Russie a plongé l'Ouest, lequel pensait que les conflits armés de haute intensité appartenaient désormais à l'histoire. Pour autant, certains pays tentent de s'extirper, du moins en partie, de ce grand ballet globalisé. D'aucuns essayent par exemple de placer ces questions dans les débats publics et parlementaires, comme l'Italie, ou encore les Pays-Bas et l'Espagne, qui ont suspendu leurs exportations d'armes vers Israël. « Même si cette transparence ne résout pas tous les problèmes, elle permet un débat et quelques grandes victoires de la société civile », se réjouit l'expert de l'Observatoire des armements. Souvenons-nous qu'au moment de la guerre au Yémen, de telles dynamiques avaient poussé une grande partie des pays européens à suspendre leurs envois d'armes à l'Arabie saoudite. La France, elle, n'avait pas suivi la tendance.

Aujourd'hui, la France, comme ses alliés occidentaux, ne vend pas directement d'armes et de matériel militaire à la Russie comme le font la Chine, l'Iran ou la Corée du Nord. Elle se contente de lui fournir des composants, services et partenariats commerciaux et énergétiques grâce à la complicité de réseaux internationaux complexes et de facilitateurs qui sont tout aussi responsables, lesquels sont par ailleurs directement impliqués dans le fonctionnement d'autres régimes répressifs et alimentent les conflits partout sur la Planète.

En s'engouffrant dans l'appel d'air créé par l'arrêt des exportations de l'industrie militaire russe, qui se focalise sur sa propre armée, Paris est parvenu à voler la seconde place au classement des plus gros vendeurs d'armes au monde à

Moscou. À la première place, Washington jubile après l'annonce d'une aide de 61 milliards de dollars à l'Ukraine, une somme qui ne finira pas dans les poches des Ukrainiens, mais chez Boeing, Northrop Grumman, Lockheed Martin, Texas Instruments et autres entreprises du complexe militaro-industriel américain.

La guerre est le marché des marchés. Elle les rassemble tous et les unis comme autant d'oiseaux de proie autour d'un animal meurtri. Tous s'y épanouissent et nombreux sont ceux à qui la guerre est profitable. Les carnets de commande de l'industrie de l'armement se remplissent, le médical fleurit, les transports d'humains et de matériel tournent à plein régime, l'information, la communication et les médias font couler plus d'encre que jamais, le secteur du bâtiment s'en donne à cœur joie. Des villes sont rasées, des bunkers sont construits, et il faudra dresser demain de nouvelles maisons. Les marchés de la destruction et de la construction s'entremêlent, le secteur de l'énergie tourne à bloc et le monde entier participe au banquet.

BOÎTE NOIRE

Cette enquête, fruit de plus d'un an de travail, trouve sa genèse au mois de mai 2023. Je travaille alors à plein temps au service enquête du média français *Blast*, qui est financé par les abonnements et les dons de ses lecteurs ainsi que par diverses enveloppes publiques d'aides aux médias et à la production audiovisuelle. Il circule à l'époque dans certains cercles que des composants fabriqués par deux entreprises basées en Isère, Lynred et STMicroelectronics, ont été retrouvés dans du matériel militaire russe. Quelques médias, surtout locaux, relaient l'information sans pour autant enquêter sur la manière dont ces biens, le plus souvent catégorisés comme étant à double usage, civil et militaire, arrivent jusqu'aux chaînes de fabrication russes malgré les sanctions imposées tant au niveau national qu'international.

Je prends alors connaissance de deux rapports qui seront à la base de mon travail et dont j'ai rencontré certains des auteurs. Il s'agit de la note d'analyse intitulée « La guerre se fabrique près de chez nous » publiée en mai 2022 par l'Observatoire des armements, centre indépendant de ressources et d'expertise français, ainsi que du dossier « Silicon Lifeline : western electronics at the heart of Russia's war machine » (La filière du silicium : l'électronique occidentale au cœur de la machine de guerre russe) publié en août de la même année par les enquêteurs du Royal United Service Institute, un centre de recherches britannique spécialisé dans les questions de défense et de sécurité. S'il se veut indépendant, le Royal United Service Institute entretient des liens historiques avec le gouvernement et l'appareil militaire britanniques et reçoit des financements transparents de l'OTAN et de plusieurs gouvernements mondiaux, du Japon au Canada, en passant par le Qatar, Israël, la Norvège ou encore la Nouvelle-Zélande. Il reçoit également de l'argent de nombreux organismes caritatifs internationaux, de grandes sociétés comme Google, Microsoft et McKinsey, ou encore des industriels d'armement et d'aéronautique Lockheed Martin, Airbus et Thales. Les travaux du Royal United Service Institute sont néanmoins d'une très grande qualité et font foi tant au sein de médias que de centre de recherches, d'universités et d'institutions nationales dans le monde entier.

Dans la foulée, j'active mon réseau afin de pouvoir mettre la main sur des données compilant, avec force détails, l'intégralité des importations passées entre les mains des douanes russes. Peu importe la cargaison, tant qu'elle est passée par le système douanier du Kremlin, je suis en mesure d'en connaître la valeur et le contenu déclarés, le pays de fabrication, le poids, les adresses de l'expéditeur et du destinataire, ou encore le nom de la personne ayant signé le bon de réception en Russie. Avant d'utiliser le contenu de cette mine d'or, je rencontre plusieurs experts, liés aux institutions nationales, à des ONG ou membres de la société civile et fais vérifier et valider leur contenu par plusieurs sources indépendantes les unes des autres. Je me lance ensuite, des mois durant, dans l'analyse des milliers de lignes de tableurs correspondant à autant déclarations douanières qu'il me faut interpréter. Je contacte également les entreprises mises en cause, qui me fournissent les réponses publiées dans cet ouvrage.

Les conclusions de cette enquête préalable sont distillées entre octobre et novembre 2023 sur le site internet de *Blast*, dans un dossier intitulé « Russian Papers ». L'homme politique Julien Bayou, alors député du parti Europe Écologie Les Verts, s'empare de ces révélations initiales et demande des comptes au ministre des Armées Sébastien Lecornu le 4 octobre 2023 en commission parlementaire de la Défense nationale et des forces armées. Le ministre balaie la question d'un revers de la main et renvoie la responsabilité à ses collègues du ministère de l'Économie et des Finances. Le prenant au mot, le député écologiste rédige alors un courrier adressé au ministre Bruno Lemaire et à son homologue du commerce extérieur Olivier Becht et y pose les questions suivantes : « Comment les licences d'exportations ont-elles pu faire l'objet d'une autorisation administrative ? Quelles sont les sanctions prévues pour les entreprises concernées ? Comment le processus de contrôle va-t-il être réformé au vu des lacunes graves qui sont aujourd'hui mises en évidence par la guerre en Ukraine ? » Silence radio.

Cette omerta, qui semble s'étendre du gouvernement aux entreprises, me pousse à poursuivre l'enquête en profondeur.

Pour cela, il me faut me rendre en Ukraine, observer par moi-même les armes et composants mis en cause ainsi que leur impact sur le pays, ses villes, ses soldats et sa population civile. Devenu entre-temps journaliste indépendant, je rencontre tout au long de mes voyages des spécialistes de l'armement, des chercheurs, des membres de plusieurs services de l'État ukrainien, des militaires, des civils, qui tous me montrent, m'expliquent et m'aident à comprendre, tant à l'échelle mondiale qu'au niveau microélectronique. Pour connaître les armes, avions, missiles, drones, blindés et autres munitions d'artillerie utilisées par l'armée russe en Ukraine ainsi que leur impact, j'effectue un travail de veille régulier sur de nombreux réseaux d'information militaires et civils russes et ukrainiens. Ceci me permet également de suivre l'avancée du conflit grâce à des informations stratégiques, statistiques et tactiques brutes. Je source également mes recherches dans les fichiers relatifs aux sanctions de la Direction générale du renseignement du ministère de la Défense ukrainien ainsi que des départements d'État et du Trésor américains et des gouvernements français et anglais. Je plonge également dans la base de données internationale OpenSanctions, dans les listes de matériel et de fabricants mises en ligne par Military Aerospace Electronics, dans les informations publiées par le Business & Human Rights Resource Centre, dans les recherches de la Kyiv School of Economics et de l'organisation ukrainienne Razom We Stand, qui milite pour un embargo sur les combustibles fossiles russes, et dans les travaux sur les coulisses économiques de l'invasion russe menés par la coalition civile B4Ukraine.

En parallèle, je me nourris des enquêtes éclairantes de mes consœurs et confrères, qui me permettent d'approfondir mes recherches et de peindre le tableau général présenté dans ce livre. Sur les questions de l'énergie, du gaz naturel liquéfié russe, de son exploitation, son transport et sa vente, citons l'enquête du journaliste américain Jared Malsin « The Ghost Fleet Helping Russia Evade Sanctions and Pursue Its War in Ukraine » (La flotte fantôme aide la Russie à échapper aux sanctions et à poursuivre sa guerre en Ukraine) publiée le 18 août 2023 dans le *Wall Street Journal*, ainsi que les dizaines d'articles de Malte Humpert, qui effectue un travail titanesque d'enquête et de surveillance sur la construction, l'extraction et les expéditions relatives au gaz naturel liquéfié russe dans le journal norvégien indépendant *High North News*. L'enquête publiée le 29 novembre 2023 par l'experte en énergie Ana Maria Jaller-Makarewicz pour l'Institute for Energy Economics and Financial Analysis, « EU turns a blind eye to 21 % of Russian LNG flowing through its terminals » (L'UE ferme les yeux sur 21 % du GNL russe qui transite par ses terminaux) dresse également un constat éloquent.

Concernant les activités des entreprises françaises en Russie, les liens entre le Kremlin et la Chambre de commerce et d'industrie franco-russe et son ancien président Emmanuel Quidet, le site d'information spécialisé *Intelligence Online* a publié deux enquêtes : « Café Michel, havre de survie des derniers réseaux commerciaux franco-russes » et « Opération dédoublement pour la Chambre de commerce franco-russe » mises en ligne le 13 octobre et le 10 novembre 2023. Ce travail est complété par l'article de Benjamin Quénelle publié dans *Les Échos* le 28 septembre 2022, intitulé « Poutine donne un passeport russe au président de la Chambre de commerce franco-russe » et par l'enquête « Du Kremlin au FSB, l'histoire secrète de la Chambre de commerce franco-russe » publiée par Antoine Izambard dans le magazine *Challenges* le 18 mars 2024.

À propos des entreprises françaises qui continuent de faire des affaires en Russie, mon point de départ a été l'article « Les lobbyistes du business franco-russe ne désarment pas en dépit des sanctions » publié par la cellule investigation de *Radio France* le 16 avril 2022. Plus précisément, l'enquête de *L'Express* du 20 février 2024 « Leroy Merlin en Russie, nos révélations : montages opaques, faux départ et contrats avec l'État » par Charles Haquet, Béatrice Mathieu et Clara Marchaud et celle de *Disclose* « Le "projet secret" de Decathlon pour continuer ses affaires en Russie » signée par Pierre Leibovici le 19 décembre 2023 ont servi de base au chapitre sur la famille Mulliez.

Les liens entre TotalEnergies, Technip et la Russie ont eux aussi été largement documentés. Notamment par Marine Godelier, qui signait le 14 mars 2024 l'article « Pourquoi TotalEnergies ne cède pas ses actifs en Russie » dans *La Tribune* et avant elle par Gaëlle Fleitour dans *Ouest-France*, avec la publication de « Quel lien entre TotalEnergies et la société russe Novatek ? Retour sur un feuilleton en quatre actes » le 9 décembre 2022. Le quotidien *Le Monde* a également effectué un travail remarquable avec l'enquête « Comment le français Technip Énergies a participé à un mégaprojet gazier russe malgré les sanctions internationales », réalisée par Jérémie Baruch, Arthur Carpentier, Solène Reveney et Adrien Sénécat et publiée le 19 octobre 2023. *Le Monde* avait par ailleurs révélé « Comment le gaz de TotalEnergies sert de carburant aux avions de combat russes en Ukraine » dans un article d'Emmanuel Grynszpan et Julien Bouissou publié le 24 août 2022 et mettait en lumière le 24 janvier de la même année

« L'ambiguïté de Bercy face au projet gazier russe Arctic LNG 2 » grâce au travail, là encore, d'Adrien Sénécat.

Enfin, l'histoire de l'espion Vladimir Vetrov est racontée dans un ouvrage de référence, *L'Affaire Farewell vue de l'intérieur* (Nouveau Monde Éditions, 2015), écrit par Raymond Nart, qui a été directeur adjoint de la Direction de la surveillance du territoire (DST), et Jacky Debain, qui y fut sous-directeur du contre-espionnage. Ils ont tous deux été à l'époque en charge de l'affaire Farewell. Le chapitre de cet ouvrage concernant l'officier de renseignement soviétique est également basé sur le documentaire en deux parties du journaliste et réalisateur français Jean-François Delassus *L'affaire Farewell* (Roche Productions, 2007). Le compte rendu sobrement intitulé « Farewell » publié en 1999 par David G. Major, ancien agent du FBI et conseiller en contrespionnage et en sécurité du président Reagan fut aussi d'une aide précieuse. Par ailleurs, le rapport du Bureau du secrétaire à la Défense américain « Soviet Acquisition of Militarily Significant Western Technology : An Update » (Acquisition par l'Union soviétique de technologies occidentales militaires importantes : une mise à jour) de septembre 1985, qui détaille les entreprises occidentales et leurs inventions visées par l'espionnage soviétique et la manière dont ce dernier procédait est aujourd'hui déclassifié et accessible, il apporte un éclairage historique sur l'utilisation actuelle d'armes et de composants occidentaux par la Russie.

Table des matières

Achevé d'imprimer
sur les presses de la Nouvelle Imprimerie Laballery
58500 Clamecy

Imprimé en France

Composition : PCA/CMB
N° d'imprimeur : 408402
Achevé d'imprimer : août 2024
Dépôt légal : septembre 2024